让实验室激扬无限创意：**中学理科**
DIY
趣味实验集锦

张华伟　主编

中国原子能出版社

图书在版编目（CIP）数据

让实验室激扬无限创意：中学理科 DIY 趣味实验集锦/
张华伟主编. -- 北京：中国原子能出版社，2020.10
ISBN 978-7-5221-0978-7

Ⅰ．①让…　Ⅱ．①张…　Ⅲ．①理科（教育）一实验一中
学一教学参考资料　Ⅳ．①G634.73

中国版本图书馆 CIP 数据核字（2020）第 193108 号

内 容 简 介

　　珠海女子中学物理、化学、生物、地理四个科组的教师们以"思维导图构建、科学实验提升的理综课堂"为教学模式进行了两轮完整的富有女校特色的理科教学实践活动。作为珠海市重点立项课题《基于中学女生认知特点的理科教学模式的研究与实践》成果之一，本书主要是将四个理科学科在教学实践中累积的具有学科特色的、兼具知识性和趣味性的"中学理科 DIY 趣味实验"进行汇总编辑，以期培养学生认知能力同步进阶，知识和实践有机融合，保护求知欲和激发创新力，激励学习者自主学习，从而培育核心素养，提升关键能力。

让实验室激扬无限创意：中学理科 DIY 趣味实验集锦

出版发行　中国原子能出版社（北京市海淀区阜成路 43 号　100048）
责任编辑　张　琳
责任校对　冯莲凤
印　　刷　三河市铭浩彩色印装有限公司
经　　销　全国新华书店
开　　本　787mm×1092mm　1/16
印　　张　8.875
字　　数　159 千字
版　　次　2021 年 6 月第 1 版　2021 年 6 月第 1 次印刷
书　　号　ISBN 978-7-5221-0978-7　　定　价　60.00 元

网址：http://www.aep.com.cn　　E-mail：atomep123@126.com
发行电话：010－68452845　　　　版权所有　侵权必究

让实验室激扬无限创意：中学理科DIY趣味实验集锦

《编委会》

前　言

　　实验是人类认识世界的一项重要活动，也是物理、化学、生物、地理科学教学的基础。加强实验教学是提高学科教学质量的重要一环，实验教学对于激发学生学习科学的兴趣，帮助他们形成科学概念，巩固科学知识，获得实验技能，培养实事求是严肃认真的科学态度和训练科学方法有着重要的意义。

　　在当前实验教学中，有些现象应该引起我们高度重视，以试题实验替代真实实验，以媒体实验替代真实实验，以程式化实验替代真实实验。我们要重视并挖掘实验教学的功能，尽可能用易于获得的条件来进行实验，以提高高中学生学习的兴趣，使他们愿意来观察和思考，从而传播科学知识，理解科学概念，提高科学素质，鼓励科学创新，开发科学潜能，这是很有意义的。本书紧扣高中物理、化学、生物、地理课本，分 4 篇，依次为物理篇、化学篇、生物篇、地理篇，并重点选编了 54 个实验，这些实验都是日常生活中常见的现象，更能激发学生们学习实验的热情。为了取得较好的实验效果，在每一个实验中都编写了材料准备、实验流程、注意事项、实验结果、实验原理、高中知识相关、发散思维、实验小知识或相互讨论。

　　本书考虑到目前多数中学的设备条件，实验中介绍的操作方法一般都简单明了，效果明显，仪器设备、药品及材料多较易获得。总的来说，以激发广大师生的实验兴趣并点燃创新思维的火花，培养学生具有现代社会需要的普通文化科学基础知识和基本技能，具有创新的精神和分析问题、解决问题的基本能力为主要目的，重视培养学生的观察和实验能力，希望学生通过本书的学习逐步具备规范的实验操作、良好的实验习惯、科学的方法和科学的态度。

　　一要突出实验中体现的思想方法，培养学生的实验观察能力，激发学生学习的兴趣。

　　二要以系统误差和偶然误差分析为切入点，改进和完善实验设计方案，提高学生的创新思维能力。

三要巧设"陷阱"，设疑激趣，揭示本质，培养学生的逻辑推理能力。

四要从理论和实践两方面论述了设计教学实验的基本原则和适合高中学生学习的误差、数据处理等相关知识，澄清一些误区。

五要分析不同类型的实验和教学模式的特点，提出操作性较强的教学策略。

由于我们水平所限，加之时间紧迫、编写仓促，书中难免有疏漏或不当之处，敬请广大读者批评指正。

作　者

2020 年 8 月

目　　录

物理篇

化学篇

生物篇

地理篇

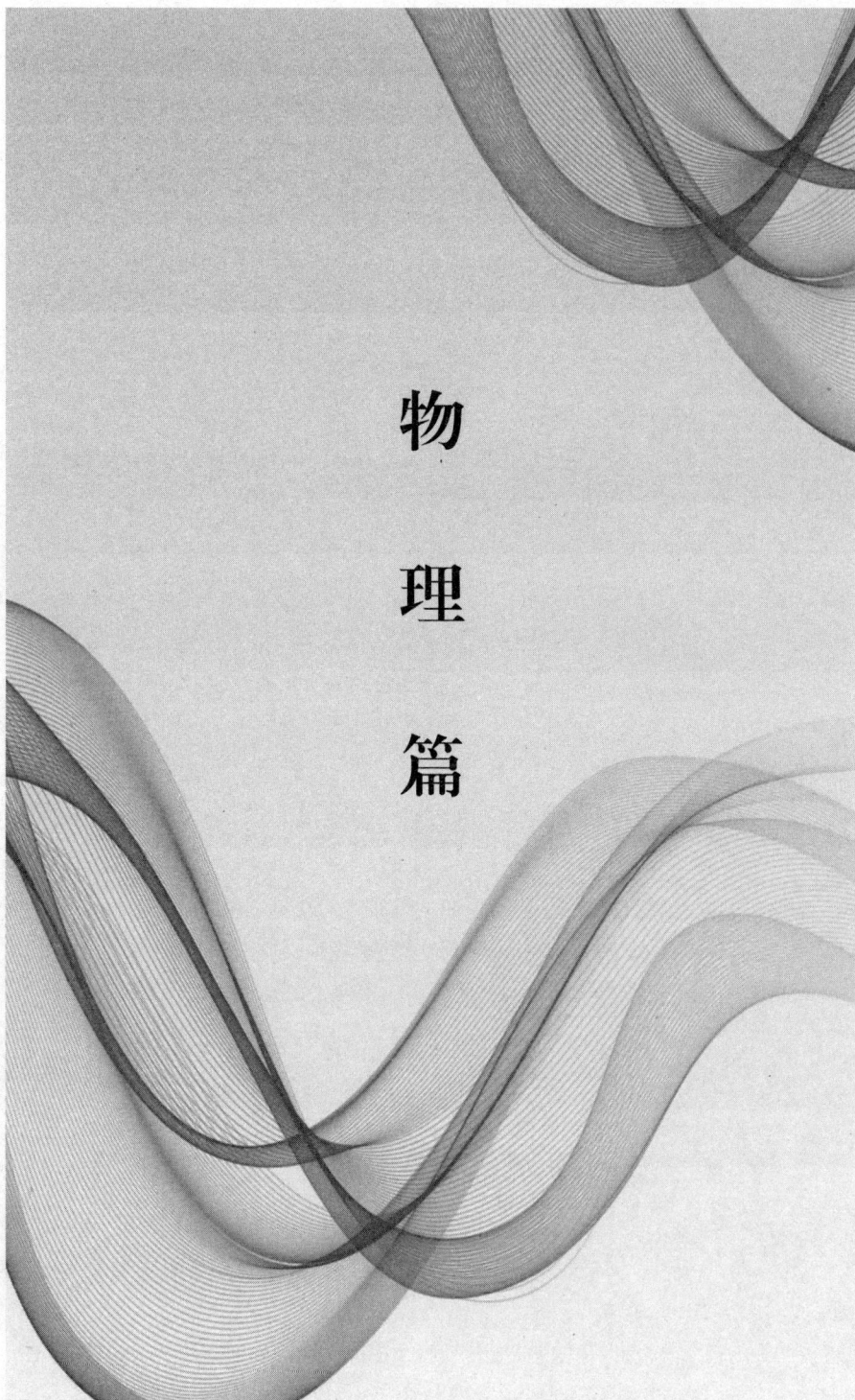

物 理 篇

1-1 用受力分析耍帅——斜立的汽水罐

一、材料准备(Material preparation)

汽水罐、水。

二、实验流程(Experimental process)

1. 向汽水瓶中倒入 55～60 mL 的水。
2. 斜放汽水罐,可乐罐并没有倒下。

三、注意事项(Attention)

1. 汽水罐斜立时,罐的边缘是一个小小的有弧度的平面而不是一个点,所以实验操作起来对于水量的要求不是那么精准,生活中随时可以向朋友演示。

2. 可乐含有糖分,喝了对身体不好,还是用不含糖的苏打汽水做实验吧!

四、实验结果(Experimental result)

实验中,除了可以用力矩来认识问题,事实上汽水罐所受支持力和重力,在平衡时,二力刚好共线且方向相反,所以实验也可以说明:两个大小相同,方向相反,作用于同一物体的力互为平衡力。这是物理受力分析的一个重要知识:共点力平衡。

五、实验原理(Experimental principles)

根据杠杆原理,力矩在物理学里是指作用力使物体绕着转动轴或支点转动的趋向。力矩等于径向矢量(力臂)与作用力的乘积。当汽水罐的重心(即重力 G 作用点)投影在汽水罐与桌面的接触点 O 上,此时径向矢量(力臂)为 0,故重力不会令罐翻转,汽水罐可以斜着立起来。

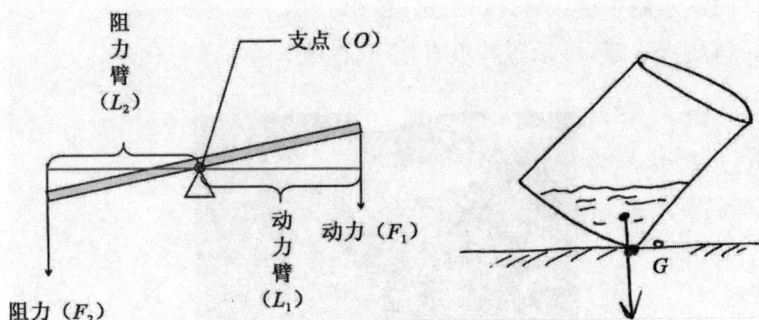

六、高中物理知识相关

本实验涉及物理受力分析的一个重要知识:共点力平衡。我们可以做一道例题:

例题:复兴号高铁平稳运行时,硬币可以在直立的笔上不倒。当高铁、硬币和笔一起做匀速运动时,下列说法正确的是 （　　）
A. 笔受到自身重力、硬币的重力和桌面对笔的支持力作用
B. 笔受到自身重力、硬币的压力、桌面的支持力和静摩擦力
C. 桌面对笔的支持力与硬币对笔的压力是一对平衡力
D. 笔对桌面的压力和桌面对笔的支持力是一对相互作用力

参考答案:

AB. 当高铁、硬币和笔一起做匀速运动时,笔受到重力、硬币的压力、桌面的支持力,故 AB 错误;

C. 根据平衡条件可得,桌面对笔的支持力等于硬币对笔的压力与笔的重力之和,所以桌面对笔的支持力与硬币对笔的压力不是一对平衡力,故 C 错误;

D. 对桌面的压力和桌面对笔的支持力,大小相等、方向相反、作用在不同的物体上、作用在一条直线上,是一对相互作用力,故 D 正确;

故选 D。

1-2 破洞漏风不漏水

一、材料准备（Material preparation）

水、塑料瓶、图钉、纸片。

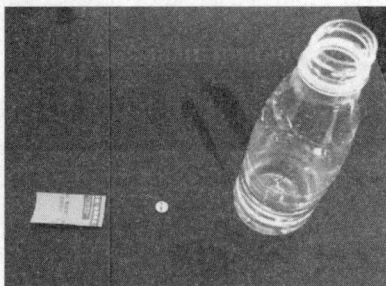

二、实验流程（Experimental process）

1. 把水倒入水瓶，最好倒满。
2. 用图钉在纸片上扎几个洞。
3. 打开瓶盖，把纸片放上去，翻转水瓶，发现破了洞的纸片也能把水兜住而不泄漏。

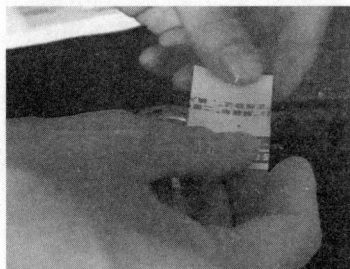

三、注意事项(Attention)

在实验中,水瓶翻了过来,不仅仅发现水没有从纸片的小洞中漏出,而且手也不需要顶住纸片,纸片自然"吸附"在水瓶出口处——这是因为大气压强的作用。

四、实验结果(Experimental result)

通过实验,验证出了液体的表面存在张力。这种张力是来自于分子距离较大时,分子力来自引力,形成了液体表层的一层"薄膜"。

五、实验原理(Experimental principles)

有洞的容器底部还能装水吗?一般认为肯定是不行。但是液体表面是有张力的,这种张力使任何液体的表层分子有一种互相吸引的分子作用力,就好像在表面形成了一层塑料薄膜一样,把水包裹起来。本实验正是因为液体的表面张力,而令破了小洞的纸片也能把水装住。

六、高中物理知识相关

例题:关于液体的表面张力,下面说法正确的是 ( )
A. 表面张力是液体内各部分间的相互作用
B. 小昆虫能在水面上自由走动与表面张力无关
C. 表面张力的方向总是垂直液面,指向液体内部
D. 表面张力的方向总是沿液体表面分布的
参考答案:
A. 表面张力是液体分子间的相互作用,不是液体内各部分的相互作用,故 A 错误;
B. 小昆虫能在水面上自由走动正是由于表面张力的作用,故 B 错误;
C. 表面张力产生在液体表面层,它的方向跟液面平行,使液面收缩,故 C 错误,D 正确,故选 D。

1-3　轻功水上漂的铁针

一、材料准备（Material preparation）

铁针、水杯、水。

二、实验流程（Experimental process）

1. 把水倒入水杯，最好满一点。
2. 轻轻把铁针放在水面上，铁针没有沉入水底。

　　3. 稍微捅一下铁针，打破液体表面张力膜，针就沉底了，说明刚刚不沉底不是因为浮力。

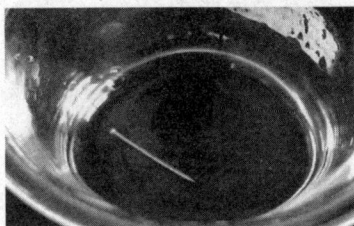

三、注意事项(Attention)

为了得以轻轻地把针放在水上,可以考虑使用镊子。

四、实验结果(Experimental result)

通过实验,验证出了液体的表面存在张力。这种张力是来自于分子距离较大时,分子力来自引力,形成了液体表层的一层"薄膜"。

五、实验原理(Experimental principles)

液体内部分子受到上下左右相邻分子的力的作用,合力为零。表面分子只受到下方和水平方向相邻分子的作用力,没有上方分子的作用力,因此合力表现为指向液体内部的吸引力,使液体表面积趋向最小化,这个力,就是液体的表面张力。

针的密度比水大,所以能使铁针不沉底,一定不是浮力,而是水的表面张力。如同将针放在一层紧绷的、有弹性的水膜上。水黾等昆虫能在水上行走自如,就是靠表面张力的作用。

六、高中物理知识相关

例题:下列说法正确的是   (   )

A. 不论是何种液体,表面张力总是要使液体表面收缩

B. 表面张力的方向总是在液面的切面上,与设定的分界线垂直

C. 表面层内的液体分子没有斥力,只有引力

D. 表面层内的液体分子分布较液体内部稀疏,分子间作用力表现为引力

E. 浸润液体的表面没有表面张力

参考答案:

A. 表面张力产生在液体表面层,它的方向跟液面平行,使液面收缩,故 A 正确;

B. 表面张力产生在液体表面层,它的方向平行于液体表面,与设定的分界面垂直,而非与液面垂直,故 B 正确;

CD. 表面层里的分子比液体内部稀疏,分子间的距离比液体内部大一些,分子间同时存在引力大于斥力,分子间的相互作用表现为引力,即是表面张力,故 C 错误,D 正确;

E. 浸润现象是由于表面张力小产生的,故 E 错误;

故选 ABD。

1-4 牛顿的棺材板压不住了——神奇的非牛顿流体

一、材料准备（Material preparation）

塑料盒、玉米淀粉、色素（增强视觉效果）、小颗粒（增强视觉效果）、搅拌棒。

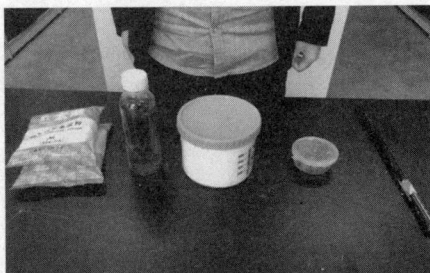

二、实验流程（Experimental process）

1. 塑料盒中倒入玉米淀粉，然后加水，边加边搅拌。淀粉和水的体积比例为 3：1。

2. 如果想制作彩色流体，可以在不同小碗中分别加入食用色素。

3. 用锤子或者筷子,来感受这个"吃软不吃硬"的家伙吧! 用力快速捅非牛顿流体,流体硬的像固体;轻轻放入,流体柔软得和一般的液体无异。

三、注意事项(Attention)

1. 为了搅拌均匀,可用手直接抓起,揉捏。
2. 配置好的非牛顿流体放置久了会凝结,所以不能保存很久。
3. 用锤子砸,这个实验就会变成"解压神器"。

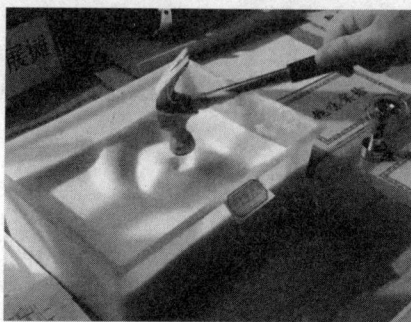

四、实验结果(Experimental result)

用力快速捅非牛顿流体,流体硬的像固体;轻轻放入,流体柔软得和一般的液体无异。

五、实验应用(Experimental applications)

有一家波兰的公司用非牛顿流体原理设计出了防弹衣。这家波兰公司设计的液体防弹衣的防护原理,就是利用了"非牛顿流体"中"剪切增稠流体"的特性。在受力的时候,液体自身结构发生改变,黏度、硬度上升,剪力不成比例地增加,最终起到防弹作用。

六、实验原理(Experimental principles)

　　牛顿流体的牛顿黏性定律告诉我们:剪应力与剪切应变率之间是线性关系。"非牛顿流体"顾名思义,就是不符合牛顿黏性试验定律的流体。

　　"非牛顿流体"的表面张力会因为受到的压力或击打速度而变化,压力越大、击打越快,张力会增加得越大,典型的"吃软不吃硬"! 本实验就是通过简单的玉米淀粉和水配置出神奇的非牛顿流体。

这是个什么液体?!

1-5 图钉扎不破气球

一、材料准备(Material preparation)

一些图钉、气球、打气筒。

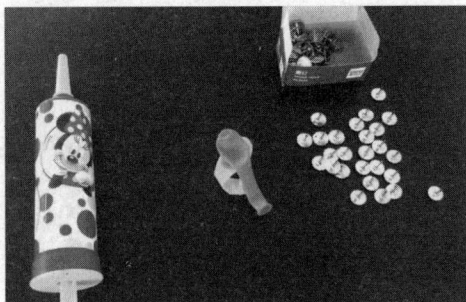

二、实验流程(Experimental process)

1. 给气球打气。让气球压向一个图钉,立马破了。

2. 给另外一个气球打气。用相同的力让气球压向一堆图钉,这个时候气球没有破。

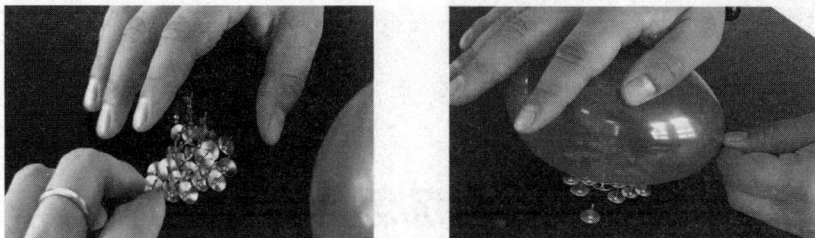

三、注意事项(Attention)

撒很多图钉的第二次实验,为了让气球能够充分接触图钉,图钉应该保持水平放置高度一样。

四、实验结果(Experimental result)

验证了 $P=F/S$ 的压强公式。在 S 较大的时候,P 较小,所以气球没有破。

五、实验原理(Experimental principles)

一个图钉可以把气球扎破,但是一片图钉却扎不破气球,为什么? 这是压强的知识! 在同等压力下,受力面积越大(图钉多了,接触面就大了),压强越小,这就是压力、压强和受力面积之间的关系,也是气球不会被压破的秘密。

六、实验相关学科知识

例题:小明往墙上按图钉,已知图钉帽的面积为 $1\ cm^2$,图钉尖的面积是 $5\times10^{-4}\ cm^2$,手指对图钉帽的压力是 $20\ N$,求图钉对墙的压强和手对图钉帽的压强?

答案:当用力按图钉帽时,图钉将外力大小和方向不变地进行传递。

$$F_1=F_2=20\ N,$$

$$S_1=5\times10^{-4}\ cm^2=5\times10^{-8}\ m^2,S_2=1\ cm^2=1\times10^{-4}\ m^2,$$

$$P_1=\frac{F_1}{S_1}=\frac{20\ N}{5\times10^{-8}\ m^2}=4\times10^8\ Pa,P_2=\frac{F_2}{S_2}=\frac{20\ N}{1\times10^{-4}\ m^2}=2\times10^5\ Pa$$

1-6　会沉浮的小船

一、材料准备（Material preparation）

塑料瓶、水、回形针、吸管

二、实验流程（Experimental process）

1. 吸管剪取弯曲皱褶部分,套在回形针的两端。

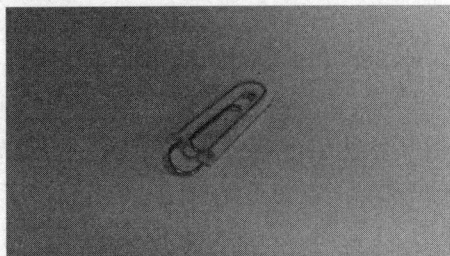

2. 用瓶子装水,瓶口留一定的空气。

3. 把小船放进瓶子里,小船会漂浮在水面。

4. 盖上瓶盖,用力挤压瓶子,会发现小船沉在瓶底,不挤压瓶子,小船又浮了上来。

三、注意事项(Attention)

1. 瓶子的水不要装太满,要留一定量的空气。
2. 瓶盖一定要拧紧。

四、实验原理(Experimental principles)

吸管和回形针做成的小船会漂浮在水面上,当外部压力增大时,吸管里的空气被压缩,排开水的体积会减小,所以浮力减小了,小船在重力的作用下下降。

1-7   光伏效应

一、材料准备(Material preparation)

多用表、导线、面包板、二极管。

二、实验流程(Experimental process)

1. 将二极管插到面包板上。
2. 用导线将二极管与多用表相连,多用表调至直流电流挡。

3. 用灯照射二极管,会观察到多用表内有电流。

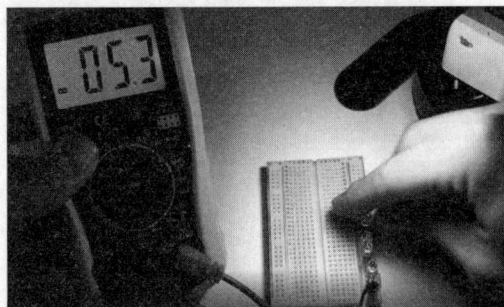

4. 移动灯的位置,观察到多用表的电流示数不同。

三、注意事项(Attention)

1. 插二极管是应将长脚插"正"接口,短脚插"负"接口。
2. 多用表应调至电流挡。
3. 用导线将二极管与多用表相连是让长脚接红表笔,短脚接黑表笔。

四、实验原理(Experimental principles)

光伏效应就是光生伏特效应。指光照使不均匀半导体或半导体与金属结合的不同部位之间产生电位差的现象。它首先是由光子转化为电子、光能转化为电能的过程;其次,是形成电压过程。有了电压,就像筑高了大坝,如果两者之间连通,就会形成电流的回路。

五、发散思维(Divergent thinking)

1. 电流的大小与灯的位置有关吗？有怎样的关系？灯在什么位置时,电流最大？
2. 灯在同一位置时,放置不同数目的二极管,电流有不同吗？二极管的数目与电流有怎样的关系？

1-8　反重力水

一、材料准备(Material preparation)

矿泉水瓶、水、丝袜、橡皮筋、牙签。

二、实验流程(Experimental process)

1. 用瓶子装满水封住瓶口。

2. 用丝袜将瓶口封住，并用橡皮筋固定住丝袜。

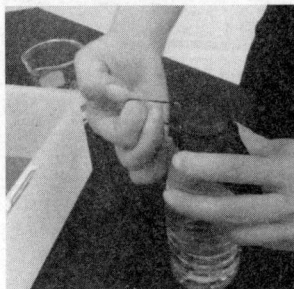

3. 倒置瓶子，使瓶口向下，观察到水不流出。

4. 将牙签戳进矿泉水瓶内，观察到水不流出，牙签漂浮在水面。

三、注意事项(Attention)

水必须灌满矿泉水瓶，不能有空气。用小皮筋扎紧瓶口，避免丝袜滑落。

四、实验原理(Experimental principles)

水的表面张力附着在丝袜中，创造出一个"膜"，形成一个封闭状态，所以水流不出来。牙签戳入后，水会包围木质牙签，由于木头的密度比水小，牙签会浮到最上方。

五、实验小知识(Experimental knowledge)

凡作用于液体表面，使液体表面积缩小的力，称为液体表面张力。表面张力是怎么产生的呢？液体跟气体接触的表面存在一个薄层,叫作表面层,表面层的分子比液体内部稀疏,分子间距离比液体内部大一些,分子间的作用力表现为引力,指向液体。

　　雨滴成球状也是这个原因哦。

1-9　避之不及的胡椒粉

一、材料准备（Material preparation）

盛水的容器、水、胡椒粉、肥皂水。

二、实验流程（Experimental process）

1. 把水倒入容器，不溢出就好。

2. 轻轻将胡椒粉撒在水的表面。

3. 将沾有肥皂水的食指放进容器中,观察到胡椒粉向四周扩散。

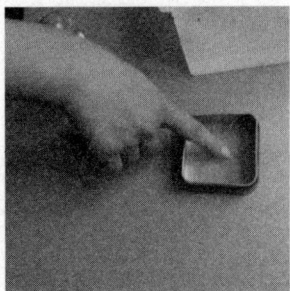

三、注意事项(Attention)

1. 为了便于观察现象,要买黑胡椒粉哦。没有胡椒粉的话,辣椒粉也行。
2. 如果不想用食指沾肥皂水,也可以用洗洁精。

四、实验原理(Experimental principles)

胡椒粉在水面上受到表面张力的作用,漂浮在水面。肥皂水是表面活性剂,水中加入肥皂水后改变了水的表面张力,受力改变了,胡椒粉就会向远离活性剂的位置移动,所以会散开。

五、实验小知识(Experimental knowledge)

1. 表面张力。凡作用于液体表面,使液体表面积缩小的力,称为液体表面张力。产生原因:液体跟气体接触的表面存在一个薄层,叫作表面层,表面层的分子比液体内部稀疏,分子间距离比液体内部大一些,分子间的作用力表现为引力,指向液体。

2. 表面活性剂。表面活性剂是指一类在很低的浓度可以显著降低水的表面张力的化合物。

1-10　磁力钢珠炮

一、材料准备（Material preparation）

3 块磁铁、7 个带磁性的小钢珠、泡沫板、胶水。

二、实验流程（Experimental process）

1. 把 3 块磁铁每隔 3 cm 用胶水固定。

2. 每块磁铁的右边吸 2 个小钢珠。

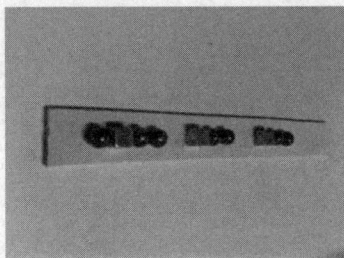

　3. 把第 7 个小钢珠从最左边由一定的距离释放，会观察到最右边的小钢珠被弹出。

三、注意事项(Attention)

1. 磁铁的放置应保持一定的距离。
2. 第 7 个小钢珠释放的位置不同,最右边小钢珠的弹出速度也会不同。

四、实验原理(Experimental principles)

小钢珠在磁力的作用下与磁铁发生了碰撞,这个过程中动量守恒,所以原本静止的小钢珠运动了。

五、实验小知识(Experimental knowledge)

如果一个系统不受外力或者受外力的矢量和为零,那么这个系统的总动量保持不变,这个结论叫作动量守恒定律。生活中爆炸,碰撞,反冲都是动量守恒。

1-11　幸运圣诞树

一、材料准备（Material preparation）

铜丝一根（长度约 30 cm）、5 号干电池一节、磁铁若干块、饮料瓶一只（其他圆柱体也可以，直径 4～5 cm）。

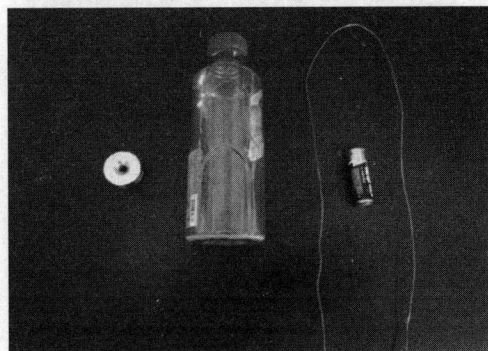

二、实验流程（Experimental process）

1. 取 5 号电池一节，用刀片刮开其中一端的塑料，露出金属部分，以便与磁铁良好接触。

2. 取磁铁，吸附在电池被刮开塑料的一端。磁铁与电池竖立在桌面上。

3. 取铜丝绕在圆柱体上，形成一个螺线圈。

4. 螺线圈的一端的铜丝向螺线圈中间折叠至圆心处，再对铜丝的末端进行 90°角折叠，折叠后铜丝垂直于线圈平面指向线圈另一端。

5. 螺线圈的另一端铜丝向螺线圈中间折叠,折叠后的位置以能够接触到磁铁边缘为标准。

6. 取做好的螺线圈,套在竖立的电池上。保证螺线圈两端的铜丝分别与电池的一极和磁铁边缘接触良好。

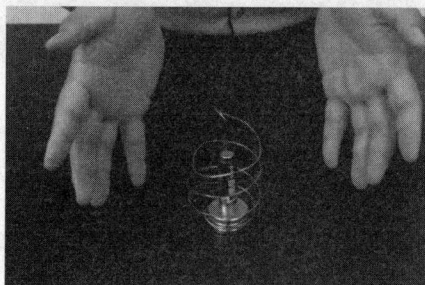

7. 观察螺线圈旋转的状态。若不稳定,则调整螺线圈的形状,直至螺线圈稳定旋转。

三、注意事项(Attention)

1. 电池的一端一定要刮开,露出金属部分。
2. 螺线圈的重心尽可能在圆心处。

3. 螺线圈与磁铁的接触要充分,但不能太紧。

4. 禁止在加油站等禁止电火花的场地做该实验。

四、实验结果(Experimental result)

观察到螺线管可以自动旋转起来,直到电池电量耗尽。

五、实验原理(Experimental principles)

通电线圈在磁场中受力的作用与楞次定律。

六、发散思维(Divergent thinking)

1. 该实验应用的科学原理与高中物理知识的结合点是什么? 在哪一本书的哪一章?

2. 请以该实验为主题,出一道高中物理习题,题型不限。

1-12　无线传导

一、材料准备(Material preparation)

干电池 3 节(型号不限)、电池安装盒 3 个、高频直流电动机 1 个、线圈两只、发光二极管 1 个、开关 1 个、导线若干。

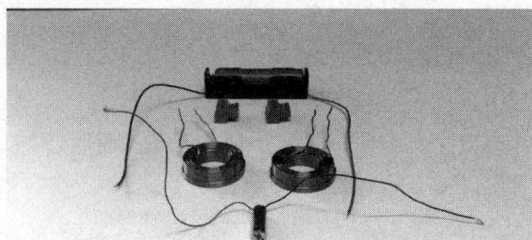

二、实验流程(Experimental process)

1. 把电池安装进电池盒，进行串联，组成 4.5 V 的电池组。

2. 依次串联好电池组、开关、直流电动机、一个线圈(此线圈可以称为初级线圈)。

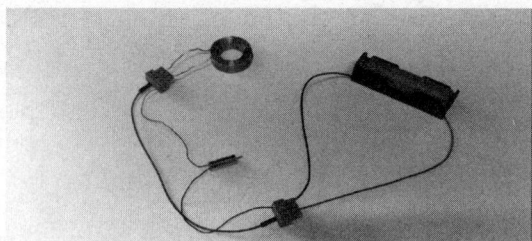

3. 将发光二极管串联在另外一个线圈上(此线圈可以称为次级线圈)。

4. 接通开关，将次级线圈靠近初级线圈观察发光二极管。

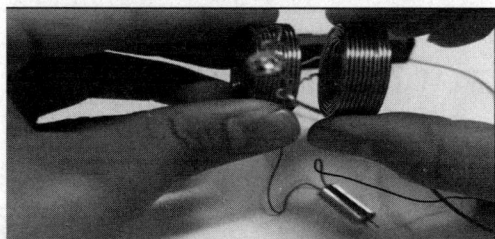

三、注意事项(Attention)

1. 尽量选用频率较大的直流电动机，比如说空杯电动机。
2. 尽量选用发光颜色较为鲜艳的发光二极管，以便于观察。
3. 高频电动机发热快，避免连续进行长时间的实验。

四、实验结果(Experimental result)

高频电动机可以通过电机的转动快速地改变初级线圈中的电流，引起初级线圈周围磁场的变化；当次级线圈靠近初级线圈的不断变化的磁场时，次级线圈就产生了感应电动势，与二极管接通的情况下形成感应电流，进而使发光二极管发光。

五、实验原理(Experimental principles)

电磁感应。

六、发散思维(Divergent thinking)

1. 该实验应用的科学原理与高中物理知识的结合点是什么？在人教版教材中的哪一本书的哪一章？
2. 实验过程中如果更换电池组的正负极会不会影响实验结果？
3. 请以该实验为主题，出一道高中物理习题，题型不限。

1-13　绳子吸管

一、材料准备(Material preparation)

棉质绳子两根、烧杯一只、细口瓶一只、墨水、夹子一个。

二、实验流程(Experimental process)

1. 用墨水将水染色,搅拌均匀,便于观察现象。

  2. 先使用一根绳子,一头浸在盛水杯中,用夹子固定在杯子上,防止它随水流移动,另一头深入细口瓶中,保证绳子趋于直线。

  3. 缓慢倾斜盛水杯,液体沿着绳子方向在杯子边缘流出,观察现象。

4. 先将绳子完全浸润在液体中,使绳子处于充分湿润的状态。

5. 将绳子一端夹在盛水杯边缘,另一端伸入细口瓶子中,注意使绳子趋于直线。

6. 同步骤 3,沿绳缓慢倾倒液体,观察现象。

三、注意事项(Attention)

1. 绳子材质棉质最佳,不要用尼龙绳。
2. 倾斜烧杯时不宜过快。

四、实验原理(Experimental principles)

水分子之间的相互作用力。

五、发散思维(Divergent thinking)

1. 该实验应用的科学原理与高中物理知识的结合点是什么？在人教版教材中的哪一本书的哪一章？

2. 请以该实验为主题,出一道高中物理习题,题型不限。

1-14　电磁阻尼

一、材料准备(Material preparation)

铜板一块、铝板一块、方形磁铁八枚、双面胶、纸、剪刀。

二、实验流程(Experimental process)

1. 用白纸给磁铁标明极性,用双面胶黏贴在磁铁上,以便于展示磁极排布。

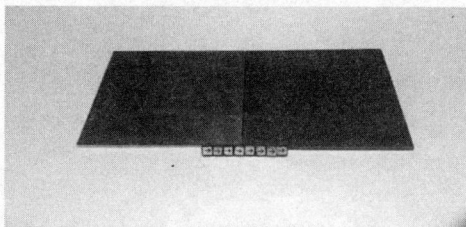

2. 取四枚磁铁,排布各个磁铁两极,按 NS、SN 的方式排布,组成磁铁组。

3. 测量铝板的厚度,保证两种金属厚度一致,控制变量。

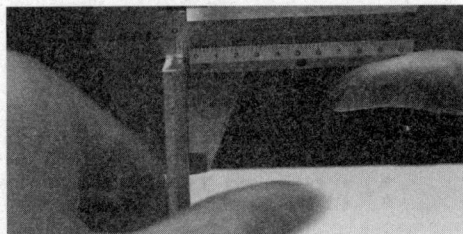

4. 将铝板支撑起来,与桌面成一定的角度。首先使用磁铁组的侧面(非两极)与铝板接触,从上端自由滑落,观察下落过程中速度的变化。

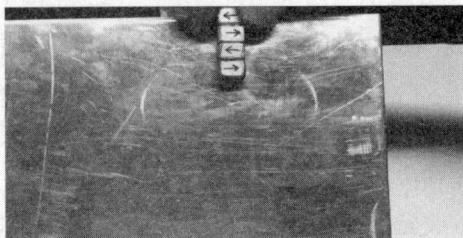

5. 将与铝板的接触面改为磁铁组的两极中的任意一极,再次从上端自由滑落,观察磁铁组滑落速度的变化。

6. 将铝板更换为铜板,测量铜板的厚度,保证厚度与铝板相同。

7. 重复与铝板一样的实验步骤,先以侧面接触铜板,再对比两极接触铜板,观察到在铜板下滑落速度进一步下降。

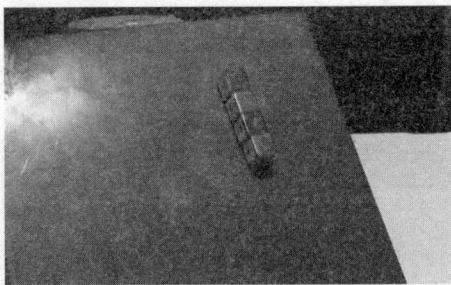

8. 最后将铝板和铜板并排放在一起,将八枚磁铁分成两组。按照相同的方式分别从两块金属板的顶端自由释放。观察对比,找出哪一组磁铁下滑得更快。

三、注意事项(Attention)

1. 铝板和铜板的表面应该尽量光滑,以减小因摩擦造成的实验偏差。

2. 排列磁铁组的时候,一定要按照相应的顺序排列,否则实验效果不明显。

四、实验结果(Experimental result)

磁铁组在金属板上滑行的时候,金属板会对磁铁组产生电磁阻尼。

五、实验原理(Experimental principles)

电磁感应、电磁阻尼。

六、实验思考(Experimental thinking)

电磁阻尼的效果跟以下哪些因素有关呢?

A. 磁铁组中磁铁的个数

B. 磁铁组的排布

C. 金属板的材料

D. 金属板的厚度

1-15 进击的电池

一、材料准备(Material preparation)

圆柱形木棒一根(约为 30 cm)、铜丝一卷(约为 5 m)、7 号干电池一节、纽扣形磁铁 4 枚(直径与电池直接一样大)。

二、实验流程(Experimental process)

1. 绕制线圈:铜丝的一端固定在木棒上,从此端开始按照同一个方向绕制线圈,绕制线圈时,要保证线圈尽可能紧密排列。

2. 取下线圈:从木棒上取下已经绕制好的线圈。取下线圈时,要轻拿轻放,不可折弯线圈。

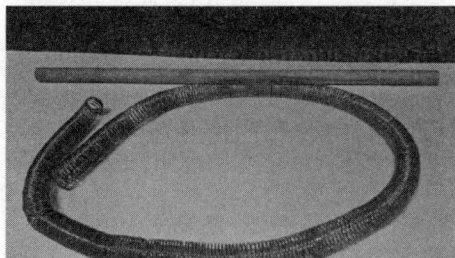

3. 组合电池和磁铁:取 7 号干电池一节,纽扣形磁铁 4 枚。先确定磁铁的磁极,把 4 枚磁铁两两分组,分组后确定两组磁铁同磁极相对,分别吸附在干电池的两极。

4. 将磁铁放入线圈:把组装好的电池放进线圈中,若电池没有运动起来则说明电池放置的方向不对。调转电池方向再次将电池放入线圈中,观察电池的运动。

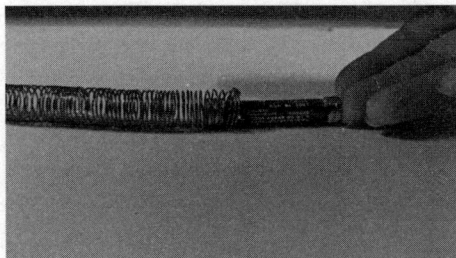

三、注意事项(Attention)

1. 绕制线圈时,线圈排列尽量紧密。
2. 取下线圈时,要保证线圈没有弯折。
3. 安装磁铁时,要保证电池两端的磁铁同极相对。
4. 将电池放入线圈时,要注意放入的方向。
5. 若电池在运动过程中被卡住,会造成电路短路,应该立即取出电池停止实验。

四、实验结果(Experimental result)

通电螺线管内部存在磁场。

五、实验原理(Experimental principles)

电磁感应现象。

六、发散思维(Divergent thinking)

1. 该实验应用的科学原理与高中物理知识的结合点是什么？ 在人教版教材中的哪一本书的哪一章？

2. 请以该实验为主题，出一道高中物理习题，题型不限。

1-16　获得和付出永远是对等的——动量守恒

一、准备材料(Material preparation)

四个小钢球、悬线四根或滚槽。

二、实验流程(Experimental process)

1. 将小球用细线系好,等高共线。
2. 将支架放于水平桌面上固定。

3. 将左侧一个球缓缓拉起一定高度,释放。

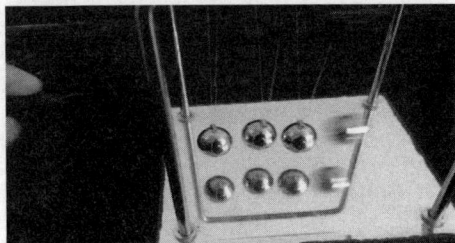

4. 观察整个运动过程中,小球的运动情况。
5. 将左侧两个小球缓缓拉起至一定高度,释放,重复实验观察。

三、实验结果(Experimental result)

先提起一个球,用一个球撞击,右侧会弹起一个球,再用两个球撞击会弹起两个球,以此类推。

四、互相讨论(Mutual discussion)

为什么碰撞的过程中不是对面的球都动起来?

五、实验原理(Experimental principles)

根据碰撞过程中动量守恒定律以及能量守恒,得出"质量相等,速度交换"规律。

六、发散思维(Divergent thinking)

将左右两个球同时升起相同高度,同时释放,又将看到什么现象? 将右侧两球用双面胶黏在一起,重复实验,又将看到什么现象?

1-17 人生一浮画

一、准备材料（Material preparation）

干净光滑的盘子一只、白板笔水一瓶、牙签若干。

二、实验流程（Experimental process）

1. 将盘子擦干净，用白板水在盘子上画图。
2. 画完图后稍后几分钟，等待画渍干涸。
3. 将清水倒入盘子中，轻轻摇晃。

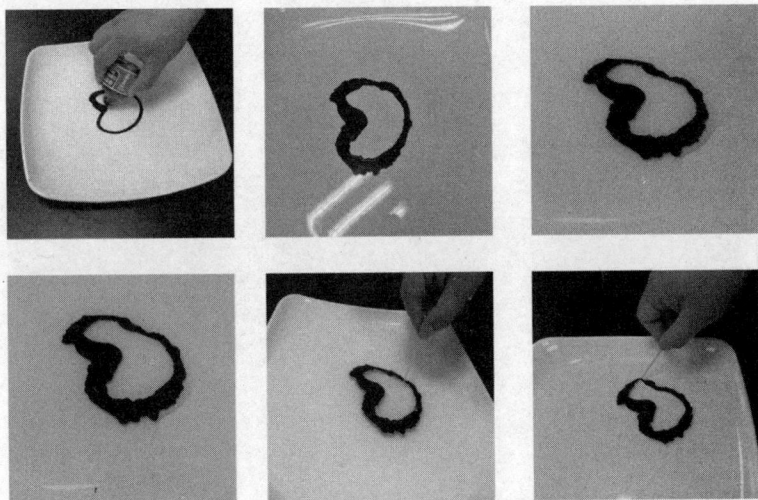

三、实验结果（Experimental result）

盘中画会浮起来。

四、互相讨论（Mutual discussion）

为什么画没有损坏？为什么画能浮起来？

五、实验原理（Experimental principles）

浮力大于重力时，物体将上浮，最终漂浮。

六、发散思维（Divergent thinking）

为什么要等到字迹干涸以后，开始倒水？

1-18　烧不爆的气球

一、准备材料（Material preparation）

气球 3 只、适量自来水、蜡烛一根、打火机一个、充气筒一只。

二、实验流程（Experimental process）

1. 将一个气球吹起适当大小，将其中一只气球口处连接水龙头，使其内部注入一定量的水，将口封住。

2. 将另一只气球吹起适当大小，不向其内部注水，对比实验现象。

3. 蜡烛点燃，分别将气球底部靠近烛焰上方，用火灼烧，分别观察实验现象。

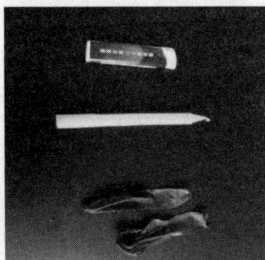

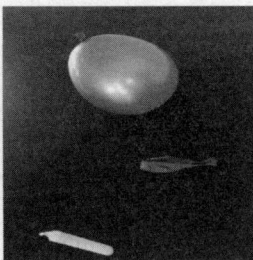

三、实验结果（Experimental result）

内部注水的气球在火焰上方不被烧爆，内部没有水的气球在火焰上方很容易就被烧爆。

四、实验原理（Experimental principles）

气球爆炸要求表面温度达到气球的燃点，当气球内部装水以后，火焰靠近气球热量被水吸收，气球表面温度升高不明显，所以不爆。

五、互相讨论（Mutual discussion）

为什么注水气球不爆炸？

1-19　自锁斜面

一、准备材料(Material preparation)

木板、锯、钉子、锤子、刻度尺。

二、实验流程(Experimental process)

1. 选择合适的木板作为地板,用锯齿截成合适的长度,约为 60 cm。
2. 将另一块作为斜面的木板选定好,在底板上模拟找到摩擦角,用刻度尺测出斜面长以及顶端的高。

3. 锯出合适的斜面长,以及支撑斜面的木方高。

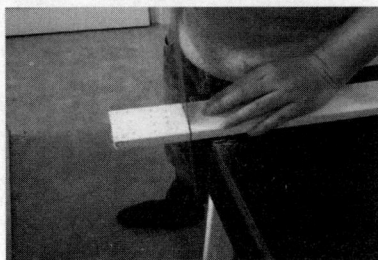

4. 用钉子将斜木板固定。

三、实验结果(Experimental result)

四、实验原理(Experimental principles)

将斜面放置在水平面上,把物块放在斜面上,并逐渐从零起增大斜面的倾角 θ,直到物块刚开始下滑时为止。记下斜面倾角 θ,这时的 θ 角就是摩擦角;当斜面倾角大于摩擦角时,物块会因重力作用沿斜面下滑;反之,若斜面倾角小于摩擦角时,无论竖直向下施加多大的力,物块都不会下滑。

五、互相讨论(Mutual discussion)

斜面上物体不下滑的条件?

六、发散思维(Divergent thinking)

在生活中,应用这个理论都制作了什么? 在生活中,什么情景会用到这种自锁现象?

1-20　冲不走的乒乓球

一、准备材料(Material preparation)

乒乓球一只、盛水盆一个。

二、实验流程(Experimental process)

1. 将水龙头正对盛水盆中间,放入适量的清水。
2. 将乒乓球放入水流落入水盆的位置,观察乒乓球的运动。
3. 加快水流速度,观察乒乓球的运动状态。

三、实验结果(Experimental result)

乒乓球不会被冲走。

四、实验原理(Experimental principles)

流体压强的特点,流速越大的地方压强越小,流速越小的地方压强越大的原理。

五、互相讨论(Mutual discussion)

水流变快后观察到乒乓球做什么样的运动？为什么与低速水流下的状态不同？

六、发散思维(Divergent thinking)

被气流正对吹和侧吹有什么不一样？

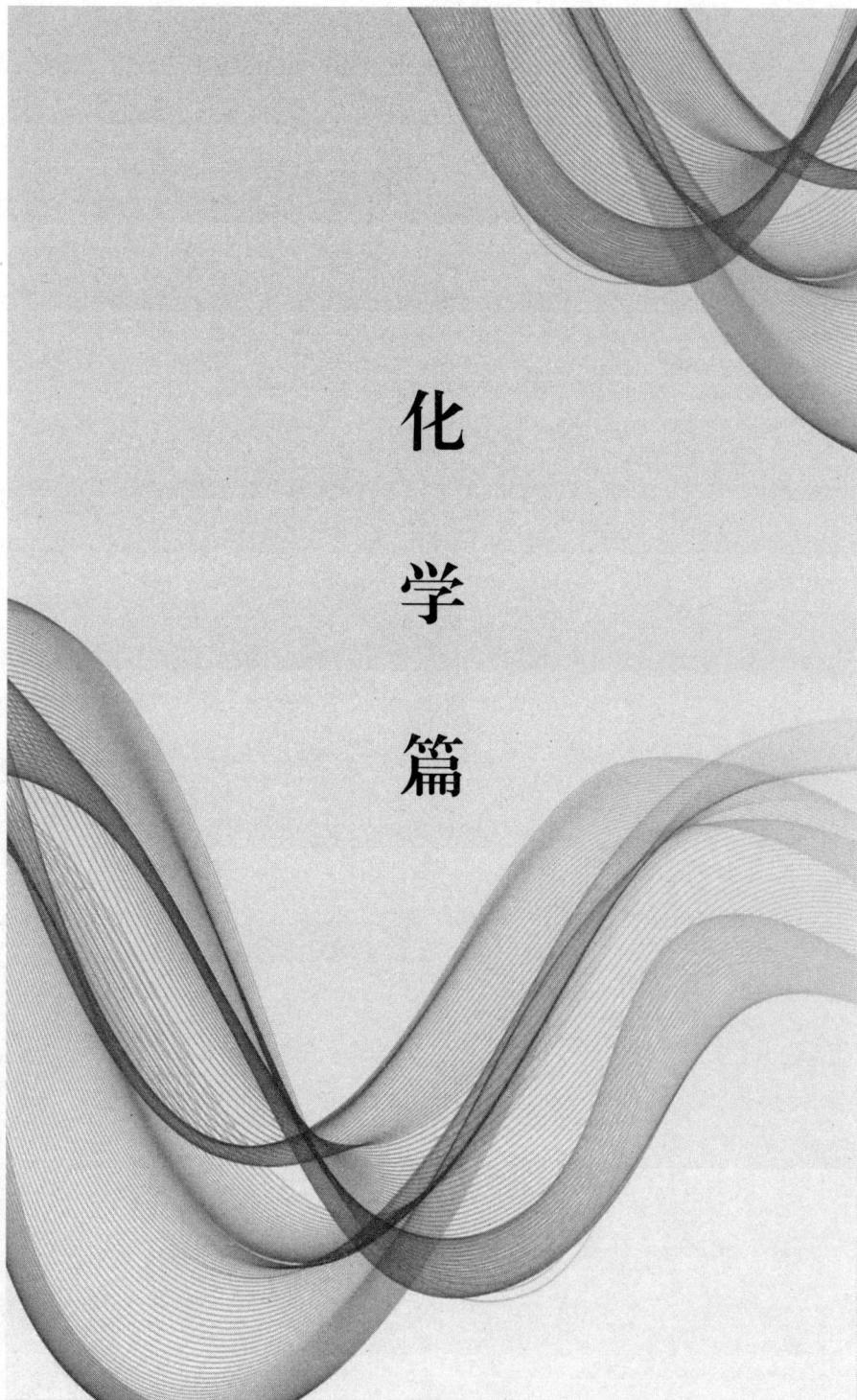

化 学 篇

2-1 这个脏脏包有点儿黑

一、材料准备(Material preparation)

浓硫酸、蔗糖、蒸馏水、烧杯(100 mL)、量筒、药匙、玻璃棒、火柴。

二、实验流程(Experimental process)

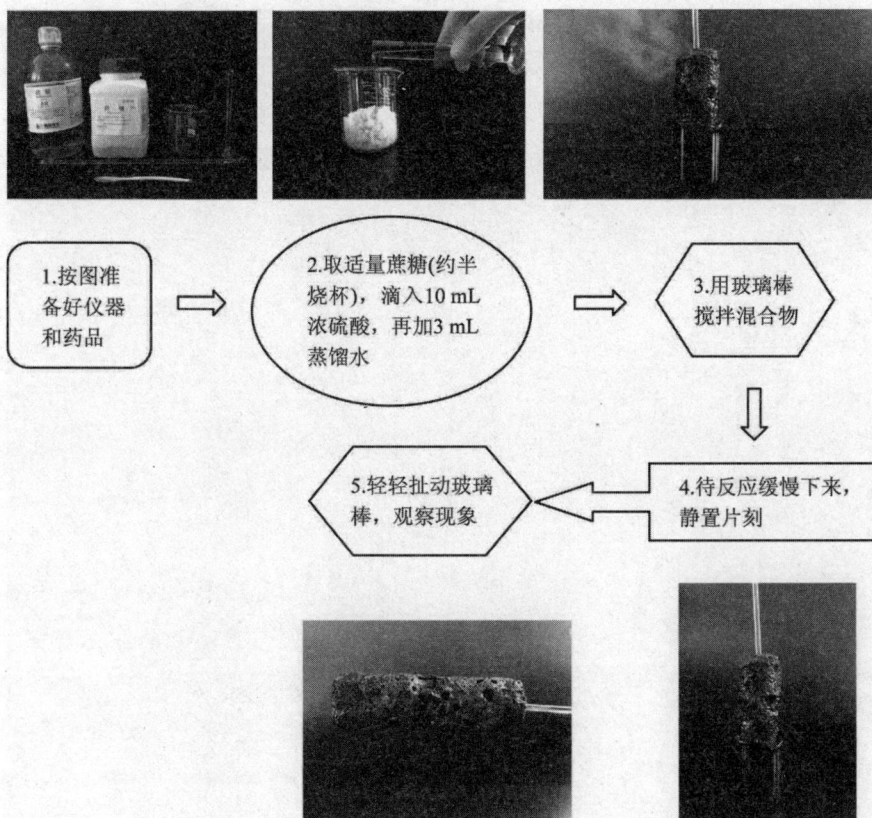

1.按图准备好仪器和药品 ⟹ 2.取适量蔗糖(约半烧杯)，滴入10 mL浓硫酸，再加3 mL蒸馏水 ⟹ 3.用玻璃棒搅拌混合物

5.轻轻扯动玻璃棒，观察现象 ⟸ 4.待反应缓慢下来，静置片刻

三、实验原理（Experimental principles）

浓硫酸具有脱水性，遇到有机物蔗糖后会使蔗糖脱水碳化，所以蔗糖会变黑。浓硫酸同时也具有强氧化性，能将生成的炭继续氧化为二氧化碳气体，本身被还原成二氧化硫气体，这个过程中产生了大量的气体，所以烧杯内物质会膨胀变大，且疏松多孔。

四、互相讨论（Mutual discussion）

1. 白糖变黑后，反应物在急剧膨胀，你观察到了什么现象？
2. 反应结束后生成的"脏脏包"疏松多孔，这说明反应中生成了气体，这个观点你同意吗？

五、发散思维（Divergent thinking）

1. 反应并未加热，但却很剧烈，你能联想到什么相关知识？
2. 预测一下"脏脏包"的性质会怎样（如吸附性等）？

2-2　跳舞的小人

一、材料准备（Material preparation）

彩色白板笔若干、光滑表面的瓷盘、纯净水。

二、实验流程（Experimental process）

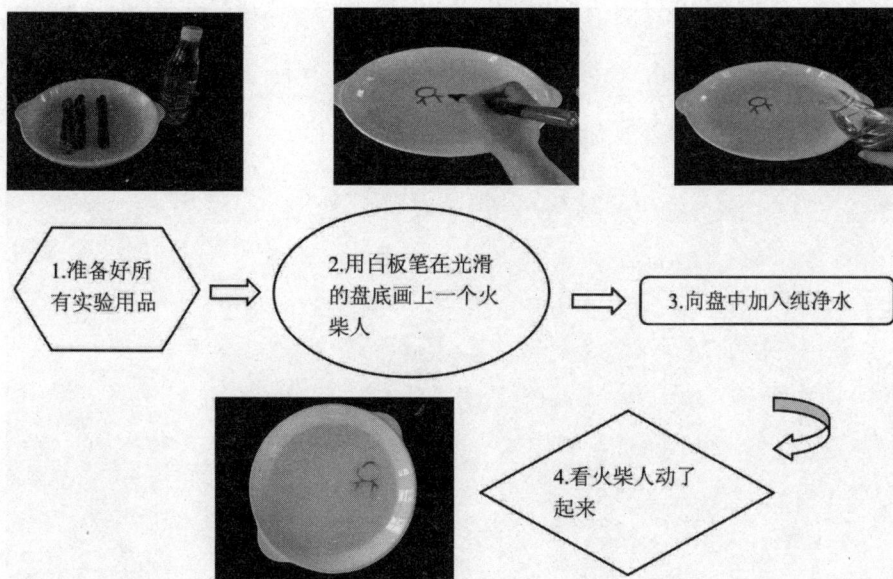

```
┌──────────┐      ┌──────────────┐      ┌──────────────────┐
│ 1.准备好所 │ ⇒   │ 2.用白板笔在光滑 │ ⇒   │ 3.向盘中加入纯净水 │
│ 有实验用品 │      │ 的盘底画上一个火 │      └──────────────────┘
└──────────┘      │ 柴人          │
                  └──────────────┘
```

```
                    ┌──────────────┐
                    │ 4.看火柴人动了 │
                    │ 起来          │
                    └──────────────┘
```

三、实验结果（Experimental result）

小人是否动起来？	笔颜色的不同对实验结果有影响吗？
有/无	

四、注意事项(Attention)

1. 注意笔画一定要连贯,否则图案会被水冲散。
2. 瓷盘要干燥,已经做过实验的盘子要放置一段时间再做。

五、实验原理(Experimental principles)

白板笔的墨水是不溶于水的油性材料制成的,且密度比水小。不会牢固地附着在玻璃、瓷片、白板一类的材料上,而是可以被擦掉或被水冲走。在盘子上用白板笔画好小人后,那一层记号笔就变成了一张薄膜。倒入水后,密度比水更小的白板笔薄膜就浮起来了。

六、发散思维(Divergent thinking)

1. 其他盘子可以吗？其他水笔可以吗？
2. 已经做过的瓷盘为何再做效果不佳？

2-3　酷炫火球

一、材料准备(Material preparation)

药匙、烧杯、量筒、玻璃棒、蒸发皿、火柴、酒精(质量分数95％以上)、醋酸钙、蒸馏水、硫酸铜。

二、实验流程(Experimental process)

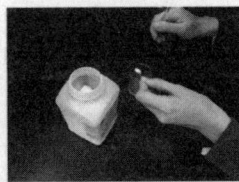

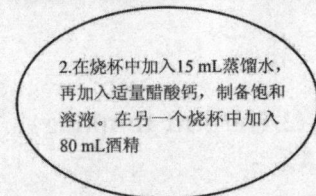

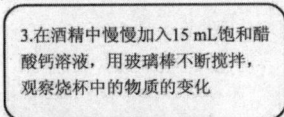

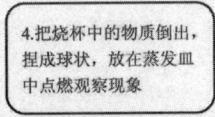

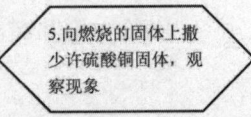

```
┌─────────────┐        ┌─────────────────────┐
│ 1.按图准备好  │   ⇒    │ 2.在烧杯中加入15 mL蒸馏水, │   ⇒
│ 仪器和药品    │        │ 再加入适量醋酸钙,制备饱和  │
└─────────────┘        │ 溶液。在另一个烧杯中加入   │
                       │ 80 mL酒精              │
                       └─────────────────────┘
```

```
┌──────────────────┐      ┌──────────────────┐      ┌──────────────────┐
│ 3.在酒精中慢慢加入15 mL饱和醋 │  ⇒  │ 4.把烧杯中的物质倒出, │  ⇒  │ 5.向燃烧的固体上撒  │
│ 酸钙溶液,用玻璃棒不断搅拌,     │      │ 捏成球状,放在蒸发皿  │      │ 少许硫酸铜固体,观   │
│ 观察烧杯中的物质的变化         │      │ 中点燃观察现象       │      │ 察现象            │
└──────────────────┘      └──────────────────┘      └──────────────────┘
```

三、实验结果（Experimental result）

物质	醋酸钙	水	酒精	胶状物
可燃性				

四、实验原理（Experimental principles）

固体酒精并不是固体状态的酒精（酒精的熔点很低，是－117.3℃，常温下不可能是固体），而是将工业酒精（乙醇）中加入凝固剂使之成为固体型态。酒精与水可以任意比混溶，醋酸钙只溶于水而不溶于酒精。当饱和醋酸钙溶液注入酒精中时，饱和溶液中的水溶解于酒精中，致使醋酸钙从酒精溶液中析出，呈半固态的凝胶状物质。生成的胶状物如果能够被点燃，就证明这些胶状物质中含有酒精，我们的固体酒精就成功制成了。

五、互相讨论（Mutual discussion）

1. 烧杯中的混合物最后变成了什么样子？为何会如此？
2. 实验步骤 4 中，点燃球状物后出现了什么现象？为什么会出现这种现象？步骤 5 呢？

六、发散思维（Divergent thinking）

1. 怎样用我们生活中的物质制备出醋酸钙呢？
2. 实验中饱和醋酸钙溶液和酒精的比例要注意控制。

2-4 酒驾的人,往哪儿跑?

一、材料准备(Material preparation)

试管架(配试管)、预先配制好的酸性重铬酸钾溶液(5%的重铬酸钾溶液中加浓硫酸,二者按照体积比为 2∶3 配制效果最好)、无水乙醇。

二、实验流程(Experimental process)

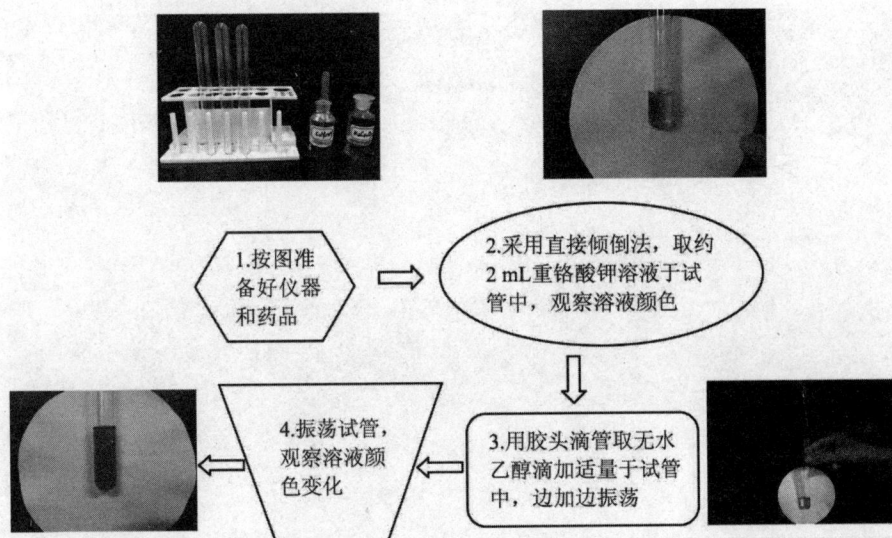

```
1.按图准          ➡    2.采用直接倾倒法,取约
备好仪器                2 mL重铬酸钾溶液于试
和药品                  管中,观察溶液颜色
                              ⬇
4.振荡试管,      ⬅    3.用胶头滴管取无水
观察溶液颜              乙醇滴加适量于试管
色变化                  中,边加边振荡
```

三、实验结果(Experimental result)

物　　质	重铬酸钾溶液	无水乙醇	混合溶液
颜　　色			

四、实验原理(Experimental principles)

酸性重铬酸钾溶液有强氧化性,会将乙醇氧化成为乙酸,自身被还原为 Cr^{3+},显绿色。交通执法中用此反应来作为检验酒驾的判断依据。

五、发散思维(Divergent thinking)

1. 请思考并尝试书写此反应的离子方程式?(理科方向)

2. 你能理解检查酒驾的装置实验原理吗?这个反应中乙醇与重铬酸钾的作用分别是什么?

3. 类似的情况还有哪些?

2-5　浮生若梦靓颜乳液(秘制)

一、材料准备(Material preparation)

纱布 2 片、研钵、牙签若干、标签纸、甘油、矿泉水、西班牙基础橄榄油、305 乳化剂、牵牛花花瓣、新鲜柠檬片、迷迭香露适量、清新香甜玫瑰纯露、绿薄荷纯露、维生素 E 胶囊。

二、实验流程(Experimental process)

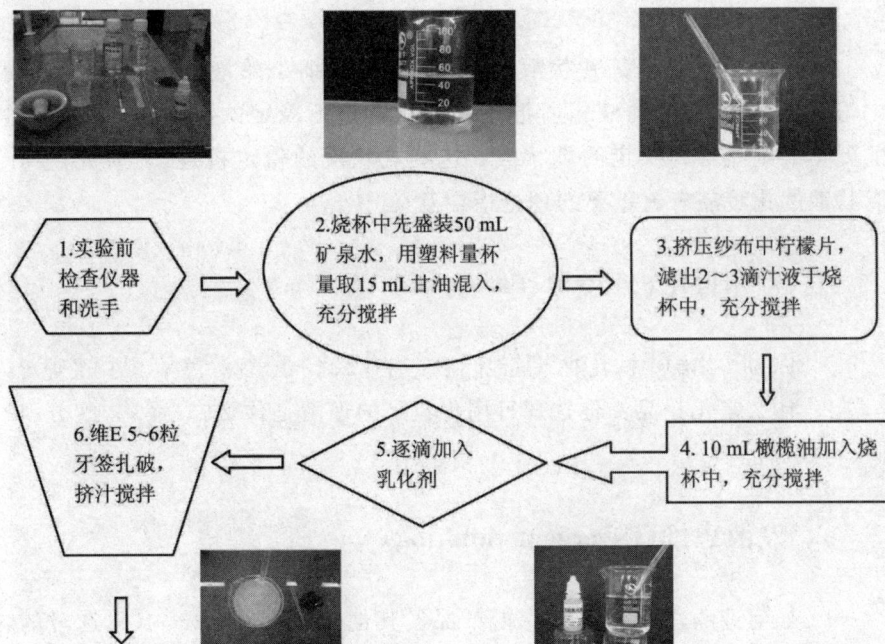

```
┌──────────┐     ┌──────────────────┐     ┌──────────────────┐
│1.实验前   │     │2.烧杯中先盛装50 mL│     │3.挤压纱布中柠檬片,│
│检查仪器   │ ⇒  │矿泉水,用塑料量杯  │ ⇒  │滤出2～3滴汁液于烧 │
│和洗手     │     │量取15 mL甘油混入, │     │杯中,充分搅拌      │
└──────────┘     │充分搅拌           │     └──────────────────┘
                  └──────────────────┘              ⇓
┌──────────┐     ┌──────────────┐     ┌──────────────────┐
│6.维E 5~6粒│     │5.逐滴加入    │     │4.10 mL橄榄油加入烧│
│牙签扎破,  │ ⇐  │乳化剂        │ ⇐  │杯中,充分搅拌      │
│挤汁搅拌    │     └──────────────┘     └──────────────────┘
└──────────┘
     ⇓
```

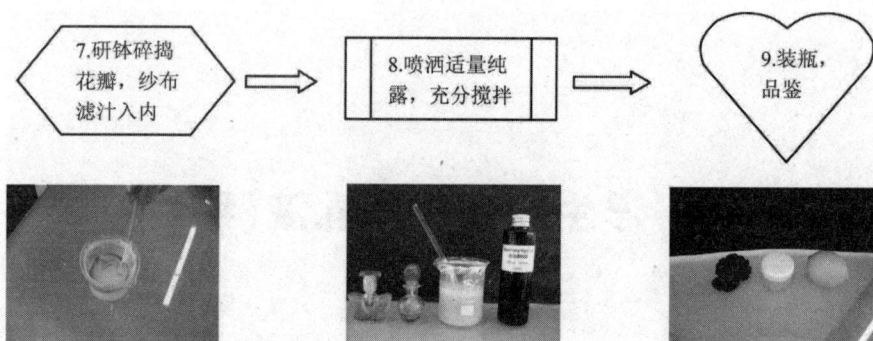

7.研钵碎捣花瓣，纱布滤汁入内 → 8.喷洒适量纯露，充分搅拌 → 9.装瓶，品鉴

三、实验结果(Experimental result)

成品效果自评	颜色	你认为实验有需要改进的方面吗?
好、中、差		

四、实验原理(Experimental principles)

乳化原理是在制备乳状液时,将分散相以细小的液滴分散于连续相中,这两个互不相溶的液相所形成的乳状液是不稳定的,而通过加入少量的乳化剂则能得到稳定的乳状液。这些乳状液的稳定机理,对研究、生产乳状液的化妆品有着重要的理论指导意义。

五、互相讨论(Mutual discussion)

1. 你 DIY 出的个性乳液与其他同学的有什么不同(气味、色泽、黏稠度等)?
2. 什么是化妆品? 你选择日用化妆品的理由是什么?（品牌、配方、口碑、科技新品……）

六、发散思维(Divergent thinking)

1. 如何选购适合自己的保湿产品? 其他化妆品呢? ——(只选对的,不买贵的!)
2. 为自己 DIY 的个性乳液设计一个 Logo 和品牌名称。

2-6　一场美丽的约会

一、材料准备（Material preparation）

纯牛奶（500 g）、食用色素（各种颜色若干）、浓缩洗洁精 1 瓶、一次性纸盘（若干）、棉签（若干）。

二、实验流程（Experimental process）

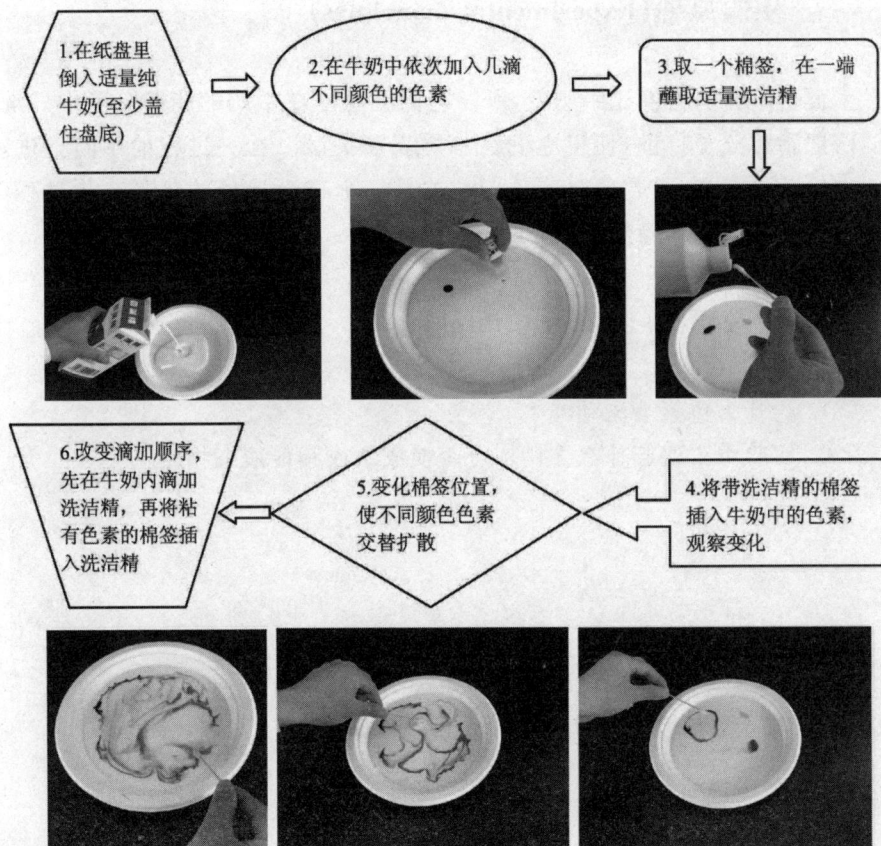

1.在纸盘里倒入适量纯牛奶（至少盖住盘底）

⇒

2.在牛奶中依次加入几滴不同颜色的色素

⇒

3.取一个棉签，在一端蘸取适量洗洁精

⇓

6.改变滴加顺序，先在牛奶内滴加洗洁精，再将粘有色素的棉签插入洗洁精

⇐

5.变化棉签位置，使不同颜色色素交替扩散

⇐

4.将带洗洁精的棉签插入牛奶中的色素，观察变化

三、实验结果(Experimental result)

你开心吗？	生活中有哪些类似的应用？

四、注意事项(Attention)

1. 色素要用食用色素,不能用油画颜料等较重的色素,否则颜料沉在牛奶下面,看不到颜色扩散。
2. 实验中不要晃动纸盘。

五、实验原理(Experimental principles)

食物颜料的密度比牛奶低,所以它们就悬浮在牛奶的脂肪分子中。洗洁精把脂肪分子打散,使得它们在牛奶表面扩散。这一过程的不断推进,使牛奶动了起来,带着颜料到处跑。这是一个充满神秘的色彩变化过程,注意不要随意移动操作盘,这样效果才会好。

六、发散思维(Divergent thinking)

1. 为什么色素会流动？
2. 实验中牛奶起什么作用？可否换成水或其他液态物质？

2-7 做自己的香香皂

一、材料准备(Material preparation)

皂基(500 g)、食用色素(各种颜色若干)、香精(若干瓶)、鲜艳干花(若干)、硅胶模具(若干)、酒精灯、500 mL 烧杯 1 个、100 mL 小烧杯 1 个、石棉网 1 个、三脚架 1 个、玻璃棒 1 根 、试管夹。

二、实验流程(Experimental process)

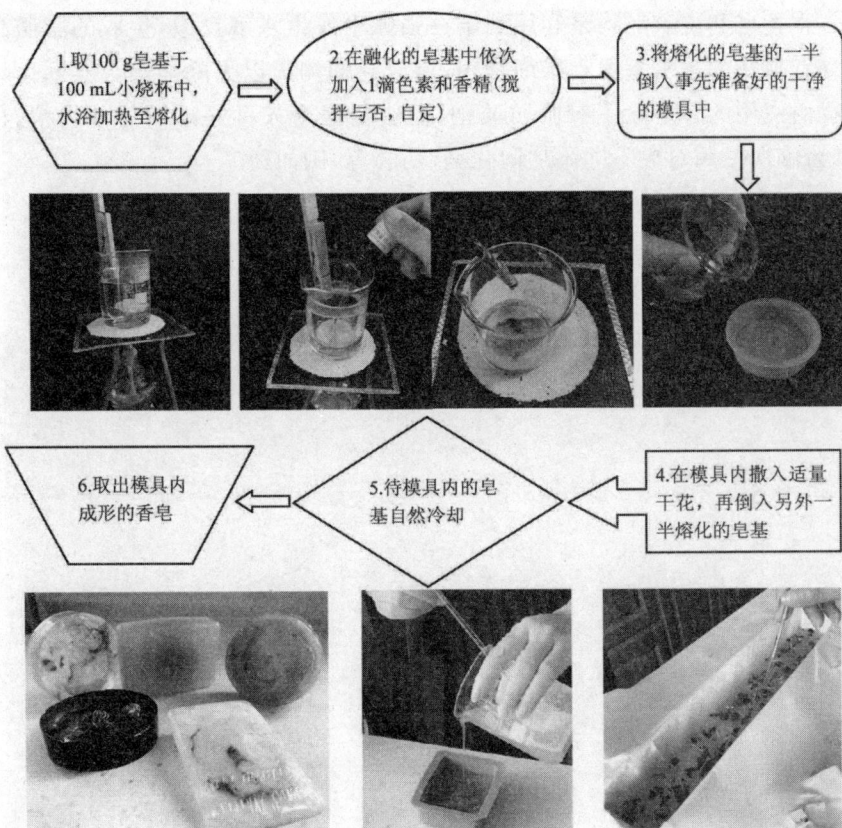

1.取100 g皂基于100 mL小烧杯中,水浴加热至熔化 → 2.在融化的皂基中依次加入1滴色素和香精(搅拌与否,自定) → 3.将熔化的皂基的一半倒入事先准备好的干净的模具中

6.取出模具内成形的香皂 ← 5.待模具内的皂基自然冷却 ← 4.在模具内撒入适量干花,再倒入另外一半熔化的皂基

三、实验结果(Experimental result)

你成功了吗?	你认为实验中最有趣的是什么?
有/无	

四、注意事项(Attention)

1. 熔化皂基最好选用沸水水浴,否则需要较长时间。
2. 点燃和熄灭酒精灯时一定要规范操作,注意安全。

五、实验原理(Experimental principles)

香香皂和洗衣皂均是利用油脂在强碱中发生水解反应,生成的脂肪酸钠具有独特的亲水基团和亲油基团,所以它们均可以去除油污。实际生活中我们使用的香皂除了有脂肪酸钠,还会依据个人喜好添加各种香精、色素,会依据使用对象不同添加固化剂、药物等,例如药皂。

六、发散思维(Divergent thinking)

1. 皂基的化学成分是什么,为什么皂基可以做香香皂?
2. 香香皂和洗衣皂一样吗?

2-8　水间舞

一、材料准备(Material preparation)

金属钠(煤油保存)、2 mol/L 硫酸铜溶液、2 mol/L 氯化铁溶液、培养皿(3 个)、小刀、镊子、玻璃片、滤纸、酚酞、蒸馏水。

二、实验流程(Experimental process)

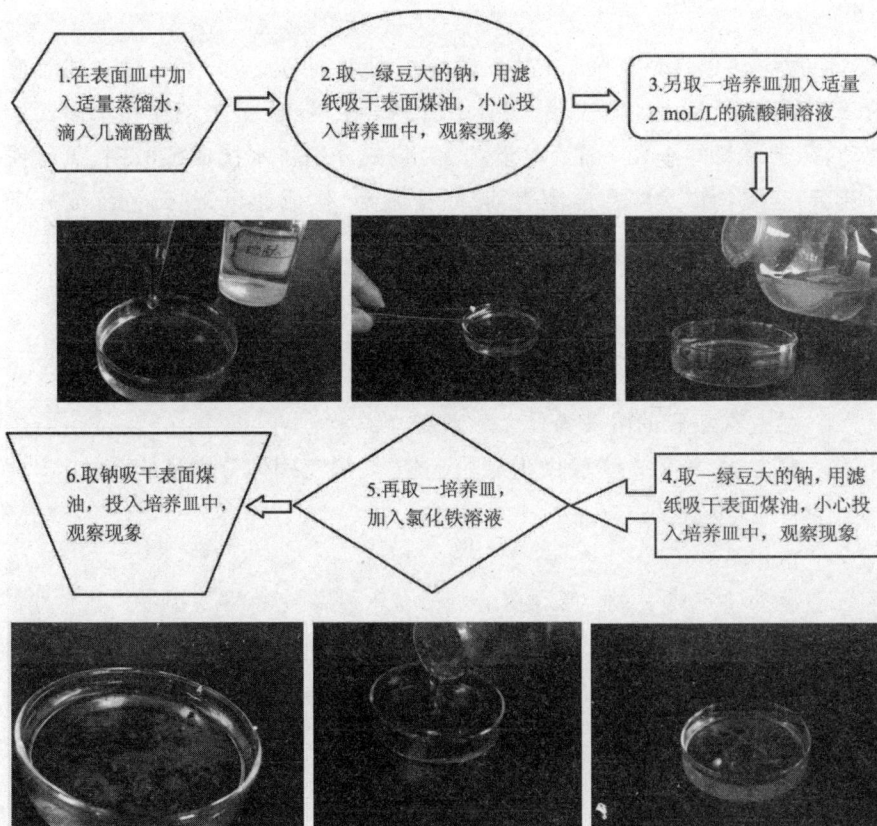

1.在表面皿中加入适量蒸馏水，滴入几滴酚酞 → 2.取一绿豆大的钠，用滤纸吸干表面煤油，小心投入培养皿中，观察现象 → 3.另取一培养皿加入适量 2 mol/L 的硫酸铜溶液

6.取钠吸干表面煤油，投入培养皿中，观察现象 ← 5.再取一培养皿，加入氯化铁溶液 ← 4.取一绿豆大的钠，用滤纸吸干表面煤油，小心投入培养皿中，观察现象

三、实验结果(Experimental result)

你看到金属钠在液面跳舞了吗?	实验中有哪些可以改进的?
是/否	

四、注意事项(Attention)

1. 金属钠最好不要超过绿豆大小,而且应吸干表面煤油,否则容易爆炸。

2. 实验中一定要佩戴护目镜、防护手套等安全防护装备。

五、实验原理(Experimental principles)

金属钠还原性特别强,常温下遇冷水即可剧烈反应,生成氢气和对应的碱,而且钠的密度比水小,故实验中看到溶液变红、金属钠浮在水面四处游动,宛若跳舞的小人一样。实验二、实验三分别将水换成硫酸铜、氯化铁溶液后,金属钠依然浮在溶液表面、四处游动,生成蓝色、红褐色沉淀分别为氢氧化铜和氢氧化铁。

六、发散思维(Divergent thinking)

1. 第一次实验的溶液为什么后来变红了?

2. 第二次、第三次实验中生成的蓝色、红褐色固体分别是什么?

2-9　火树银花

一、材料准备(Material preparation)

铝粉(2 g)、氧化铁粉末(5 g)、氯酸钾、镁条、托盘天平、带铁圈的铁架台、火柴、蒸发皿、药匙、滤纸、蒸馏水、磁铁、砂子。

二、实验流程(Experimental process)

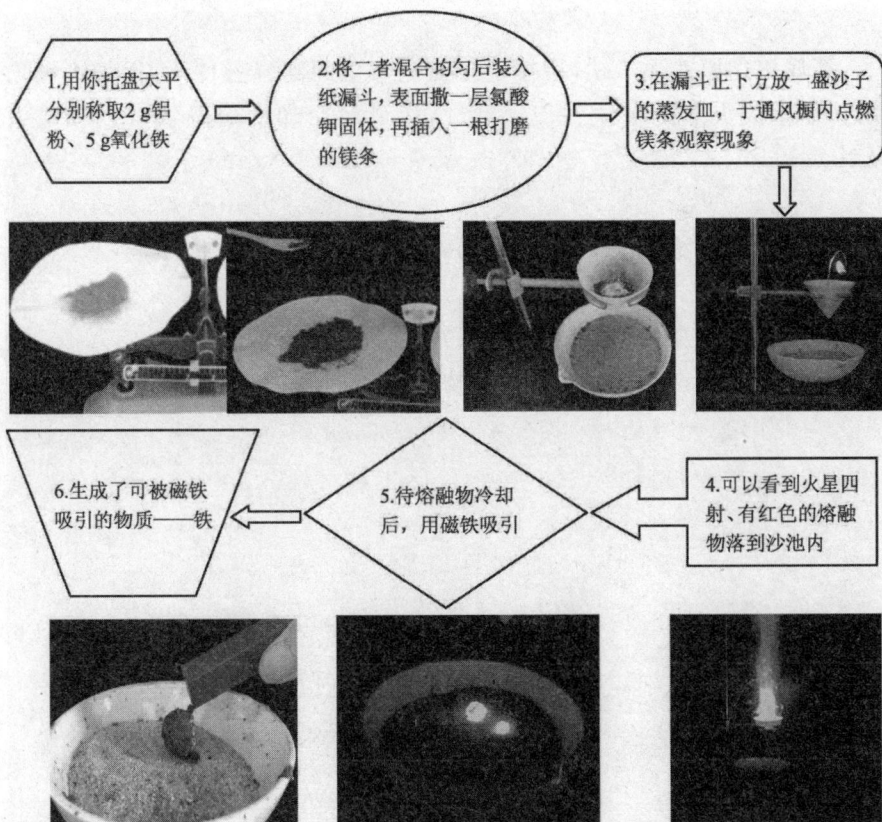

1.用你托盘天平分别称取2 g铝粉、5 g氧化铁 → 2.将二者混合均匀后装入纸漏斗,表面撒一层氯酸钾固体,再插入一根打磨的镁条 → 3.在漏斗正下方放一盛沙子的蒸发皿,于通风橱内点燃镁条观察现象

6.生成了可被磁铁吸引的物质——铁 ← 5.待熔融物冷却后,用磁铁吸引 ← 4.可以看到火星四射、有红色的熔融物落到沙池内

三、实验结果(Experimental result)

你成功了吗?	实验中有哪些可以改进的?

四、注意事项(Attention)

1. 点燃镁条一定要在通风橱内进行,点然后要迅速远离。
2. 实验中一定要佩戴护目镜、防护手套等安全防护装备。

五、实验原理(Experimental principles)

金属铝还原性强于铁,故在镁条燃烧产生的高温条件下,铝粉将氧化铁还原,生成火热的单质铁流入沙池,故最后冷却的熔融物可以被磁铁吸引。

六、发散思维(Divergent thinking)

1. 实验中镁条的作用是什么?
2. 换成其他药品实验还可以成功吗?

2-10 花儿为什么这样红

一、材料准备(Material preparation)

各色鲜花(若干)、无水乙醇(100 mL)、1 mol/L NaOH 溶液(滴瓶装，下同)、1 mol/L 盐酸、研钵、小试管(9 支)，试管架 1 个、医用纱布 1 卷。

二、实验流程(Experimental process)

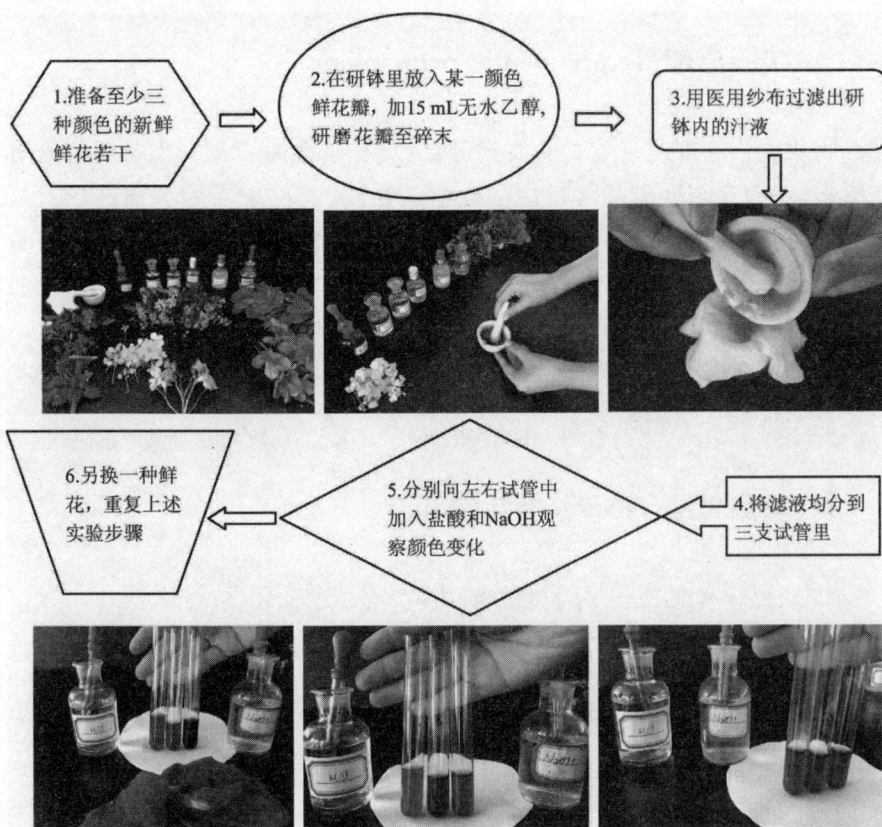

1.准备至少三种颜色的新鲜鲜花若干

2.在研钵里放入某一颜色鲜花瓣，加15 mL无水乙醇，研磨花瓣至碎末

3.用医用纱布过滤出研钵内的汁液

6.另换一种鲜花，重复上述实验步骤

5.分别向左右试管中加入盐酸和NaOH观察颜色变化

4.将滤液均分到三支试管里

三、实验结果(Experimental result)

你发现了什么规律?	你认为实验中最有趣的是什么?
加酸颜色变_____, 加碱颜色变_____。	

四、注意事项(Attention)

1. 研磨花瓣越碎,加无水乙醇后色素浸出率越高。

2. 过滤花瓣得到的汁液颜色不能太深,则滴加酸碱之前要加水稀释,否则后继颜色变化就不太明显。

五、实验原理(Experimental principles)

物质成色原理之一就是物质反射自然光,通常像鲜花一类物质都含有花青素,花青素与酸碱均能反应生成新的物质,而反应后的不同产物对自然光的吸收和反射波段不同。花青素加酸后生成的物质反射长波段可见光更多,故鲜花汁液加酸后颜色多趋近于变红,花青素加碱后生成的物质反射短波段光更多,故鲜花汁液加碱后颜色趋近变暗。

不过并非所有呈色物质原理都如此。例如有些甲壳类动物的几丁质、孔雀羽毛则属于结构色。

六、发散思维(Divergent thinking)

1. 是否所有颜色花朵滴加酸碱后都会有颜色变化?

2. 自然界的颜色变化原理是否都是如此?

2-11　自制梳妆镜

一、材料准备(Material preparation)

洁净的试管、大烧杯、硝酸银溶液、稀氨水、葡萄糖溶液。

二、实验流程(Experimental process)

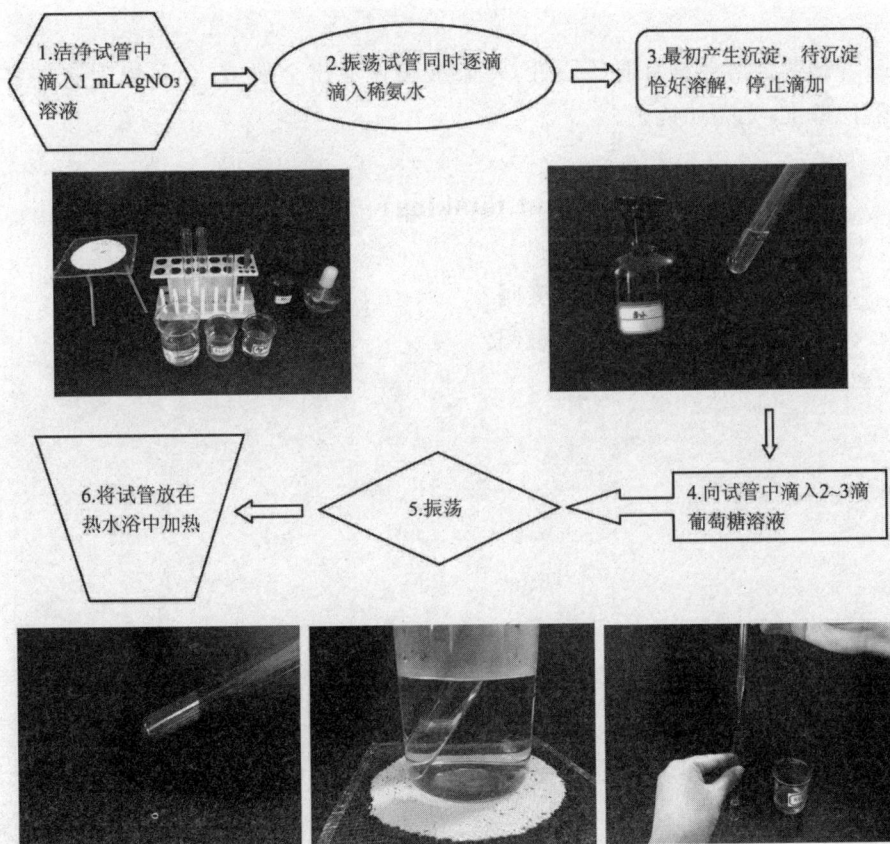

1.洁净试管中滴入1 mLAgNO₃溶液 ⇒ 2.振荡试管同时逐滴滴入稀氨水 ⇒ 3.最初产生沉淀,待沉淀恰好溶解,停止滴加

6.将试管放在热水浴中加热 ⇐ 5.振荡 ⇐ 4.向试管中滴入2~3滴葡萄糖溶液

三、实验结果(Experimental result)

是否出现银镜?	你认为实验有需要改进的方面吗?
有/无	

四、注意事项(Attention)

1. 保证试管洁净度。
2. 一定要用水浴加热,不可明火加热。

五、实验原理(Experimental principles)

葡萄糖溶液具有弱还原性,将硝酸银还原出金属银,金属银附着在容器内壁上,光亮如镜子。

六、发散思维(Divergent thinking)

1. 药品滴加顺序可以改变吗?
2. 其他物质可以制作银镜吗?

2-12　叶脉书签

一、材料准备(Material preparation)

外形完整且大小合适的具有网状叶脉的树叶、10％的氢氧化钠溶液、旧牙刷、铁架台、酒精灯。

二、实验流程(Experimental process)

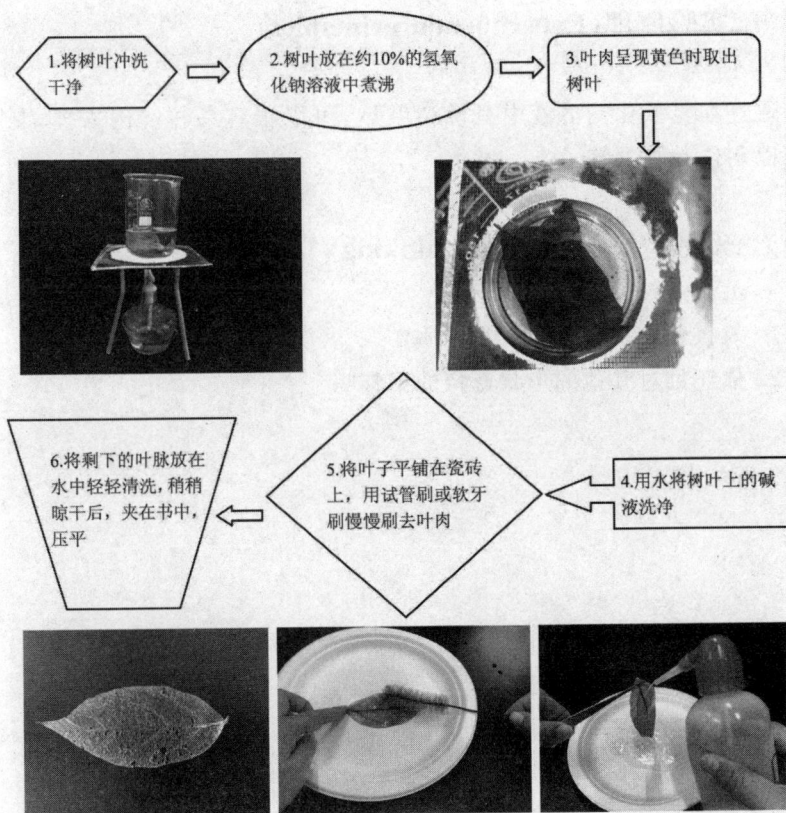

1.将树叶冲洗干净 ⇒ 2.树叶放在约10%的氢氧化钠溶液中煮沸 ⇒ 3.叶肉呈现黄色时取出树叶

6.将剩下的叶脉放在水中轻轻清洗,稍稍晾干后,夹在书中,压平 ⇐ 5.将叶子平铺在瓷砖上,用试管刷或软牙刷慢慢刷去叶肉 ⇐ 4.用水将树叶上的碱液洗净

三、实验结果(Experimental result)

时间	煮前	煮后
树叶的形态		

四、注意事项(Attention)

1. 选取的树叶一定要外形完整、大小合适、具有网状叶脉,如果叶脉不硬的话,就好像煮树叶汤了。

2. 氢氧化钠具有腐蚀性,应注意安全。

五、实验原理(Experimental principles)

通过在氢氧化钠溶液中煮沸树叶后,可以很容易将叶肉去掉,剩下的就可以制作叶脉书签了。

六、发散思维(Divergent thinking)

1. 氢氧化钠都有哪些化学性质?

2. 你还见过其他的形状奇特的书签吗?

2-13 炎炎夏日的消暑饮品

一、材料准备（Material preparation）

洗手液、干净的塑料杯、量筒、托盘天平、吸管、药匙、白糖、小苏打（即碳酸氢钠[$NaHCO_3$]）、食醋、果珍粉、矿泉水适量。

二、实验流程（Experimental process）

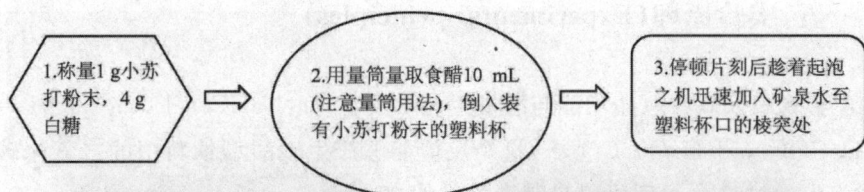

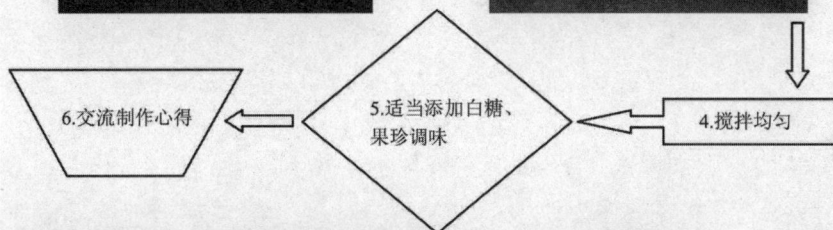

1. 称量1 g小苏打粉末，4 g白糖 ⇒ 2. 用量筒取食醋10 mL（注意量筒用法），倒入装有小苏打粉末的塑料杯 ⇒ 3. 停顿片刻后趁着起泡之机迅速加入矿泉水至塑料杯口的棱突处

6. 交流制作心得 ← 5. 适当添加白糖、果珍调味 ← 4. 搅拌均匀

三、实验结果(Experimental result)

食醋与小苏打粉末混合后现象	各次搅拌后饮料状态(气泡数量)

四、注意事项(Attention)

1. 各次搅拌后饮料状态(气泡数量)。

2. 实验中要选用凉的矿泉水做实验,因为自来水是不可以直接饮用的。

五、实验原理(Experimental principles)

碳酸盐及碳酸氢盐均能与酸发生化学反应,如:$NaHCO_3 + CH_3COOH =$ $CH_3COONa + H_2O + CO_2\uparrow$,这个反应能够产生碳酸型饮料中的二氧化碳气泡。通过这个原理可以自制碳酸型饮料。

六、发散思维(Divergent thinking)

1. 想想看,怎样才能使产生的 CO_2 气体尽可能多的被存留在饮料中?

2. 谈谈你对碳酸型饮料的认识?

2-14　自制松花蛋

一、材料准备(Material preparation)

生石灰 50 g、纯碱 3 g、草木灰 1 g、食盐 2 g、红茶叶少许、水 20 mL、鸡蛋若干、稻糠、大盘子、小盘子、量杯、勺子。

二、实验流程(Experimental process)

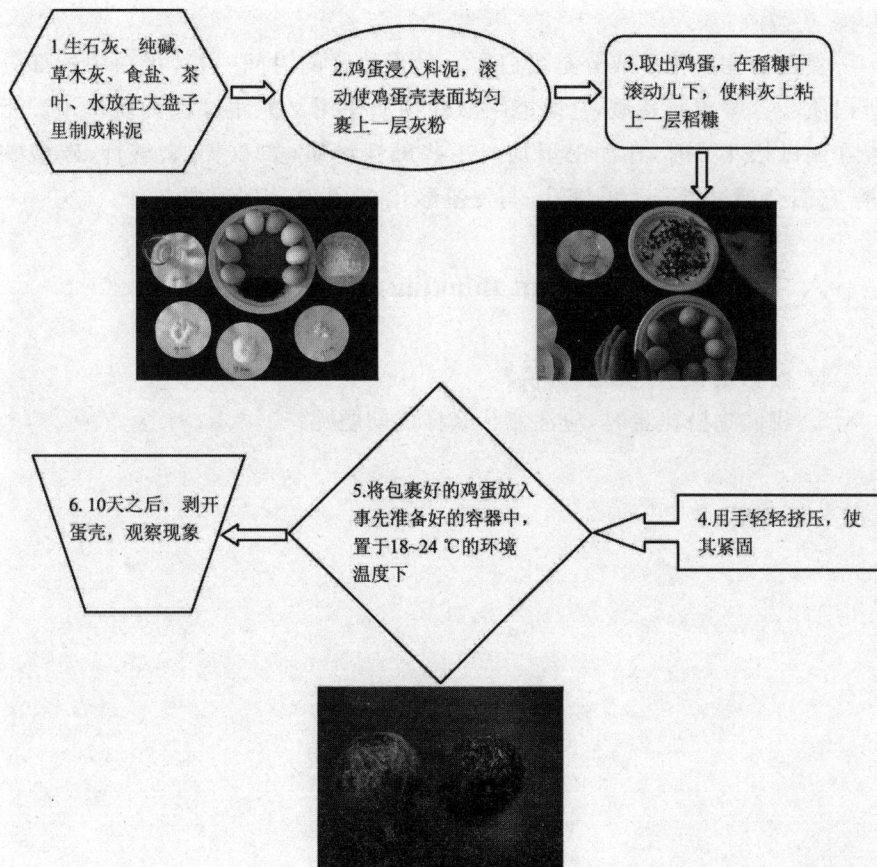

1.生石灰、纯碱、草木灰、食盐、茶叶、水放在大盘子里制成料泥 → 2.鸡蛋浸入料泥，滚动使鸡蛋壳表面均匀裹上一层灰粉 → 3.取出鸡蛋，在稻糠中滚动几下，使料灰上粘上一层稻糠

6.10天之后，剥开蛋壳，观察现象 ← 5.将包裹好的鸡蛋放入事先准备好的容器中，置于18~24 ℃的环境温度下 ← 4.用手轻轻挤压，使其紧固

三、实验结果(Experimental result)

请描述鸡蛋前后的变化	你认为实验有需要改进的方面吗?

四、注意事项(Attention)

1. 必须将包好的鸡蛋置于 18~24 ℃的环境温度下。
2. 10 天后方可食用。

五、实验原理(Experimental principles)

蛋白的主要化学成分是蛋白质。禽蛋放置的时间一长,蛋白中的部分蛋白质会分解成氨基酸,它既能跟酸性物质作用又能跟碱性物质作用。所以在制做松花蛋时,在泥巴里加入一些碱性物质,如石灰、碳酸钾、碳酸钠等,它们会穿过蛋壳上的细孔,与氨基酸化合,生成氨基酸盐。

六、发散思维(Divergent thinking)

1. 松花蛋有哪些营养价值?
2. 我们吃松花蛋时,应注意什么样的问题呢?

2-15 会发电的柠檬

一、材料准备（Material preparation）

柠檬若干（橙子、苹果也可以）、Cu 片、Zn 片、刀片、导线、小烧杯、黑色卡纸、用电器（电流表、小灯泡、二极管等）。

二、实验流程（Experimental process）

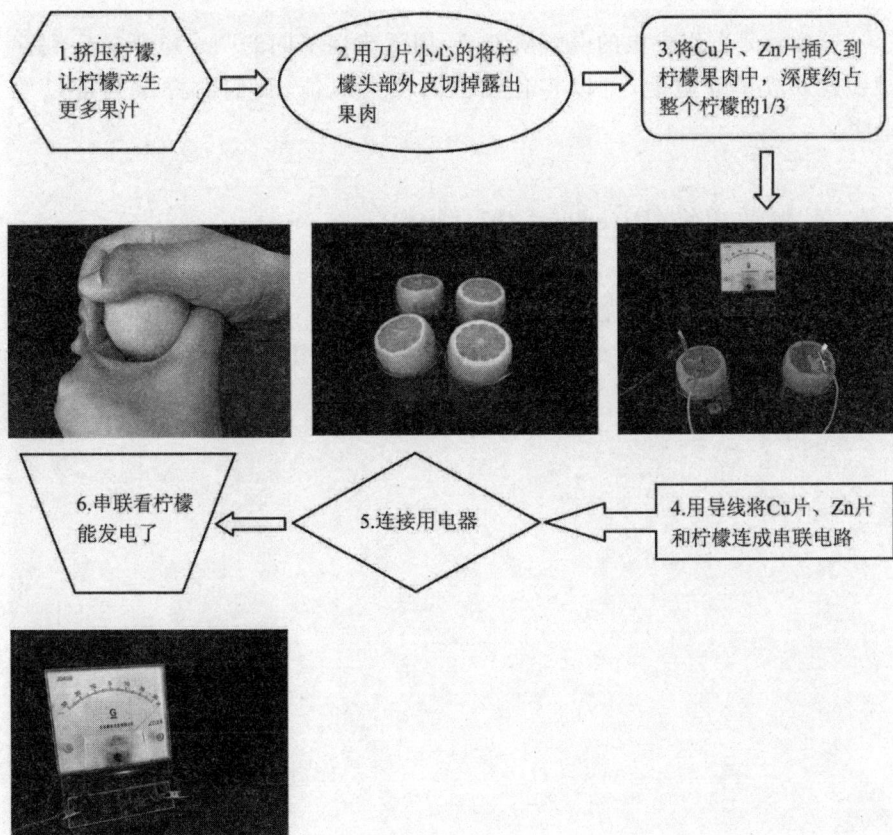

1.挤压柠檬，让柠檬产生更多果汁 → 2.用刀片小心的将柠檬头部外皮切掉露出果肉 → 3.将Cu片、Zn片插入到柠檬果肉中，深度约占整个柠檬的1/3

6.串联看柠檬能发电了 ← 5.连接用电器 ← 4.用导线将Cu片、Zn片和柠檬连成串联电路

三、实验结果(Experimental result)

柠檬是否发电?	你认为实验有需要改进的方面吗?
有/无	

四、注意事项(Attention)

1. 一定要将柠檬挤压出较多的果汁。
2. 用电器功率不要选择太大。

五、实验原理(Experimental principles)

柠檬汁是可以导电的电解质溶液,用活泼性不同的两个电极插入到柠檬中就形成了原电池,可以将化学能转变为电能,我们的柠檬就可以发电了。

六、发散思维(Divergent thinking)

1. 其他水果可以吗?
2. 实验过程中为什么要用到多个柠檬呢?一个不行吗?

生 物 篇

3-1　泡泡比赛

一、材料准备（Material preparation）

新鲜肝脏、二氧化锰、过氧化氢溶液（双氧水）、洗洁精、锥形瓶、研钵、二氧化硅（石英砂）、水槽。

二、实验流程（Experimental process）

1. 制备肝脏研磨液：将新鲜的肝脏放入研钵中研磨。为了使研磨更充分，可加入二氧化硅。

2. 将锥形瓶放入水槽中，依次加入洗洁精、肝脏研磨液、过氧化氢溶液，观察实验现象并记录。

3. 将锥形瓶放入水槽中，依次加入洗洁精、二氧化锰、过氧化氢溶液，观察实验现象并记录。

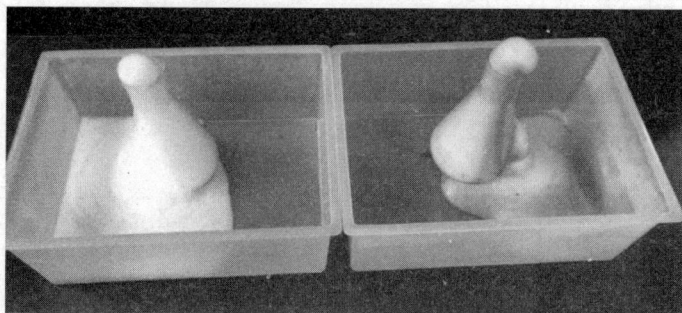

肝脏研磨液30 s结果　　　　二氧化锰催化120 s结果

三、实验结果(Experimental result)

肝脏研磨液和二氧化锰相比,哪种产生的泡泡快?	
肝脏研磨液和二氧化锰相比,哪种产生的泡泡多?	

四、注意事项(Attention)

1. 选用的肝脏尽量新鲜,若没有研钵,采用家中粉碎机、刀切碎都可以。

2. 为保证安全,不要选高浓度的过氧化氢溶液,采用医用浓度 3% 的双氧水即可。

五、实验原理(Experimental principles)

1. 过氧化氢分解可以形成水和氧气,氧气和水的产生可以使发泡剂(洗洁精)产生泡泡。催化剂的使用可以加快化学反应的进行。

2. 新鲜肝脏中含有大量过氧化氢酶,研磨可使过氧化氢酶部分释放。过氧化氢酶可以催化过氧化氢分解为水和氧气。

3. 二氧化锰是无机催化剂,也可催化过氧化氢分解,但催化效果没有有机催化剂酶的效果好。

4. 产物最终能形成多少,取决于反应物过氧化氢的量,催化剂只是加快反应速率。

六、发散思维（Divergent thinking）

1. 泡泡的多少会受什么因素影响呢？
2. 在整个过程中，锥形瓶有没有变热一点？

七、实验小知识（Experimental knowledge）

过氧化氢（hydrogen peroxide），化学式 H_2O_2。纯净的过氧化氢是淡蓝色的黏稠液体，可以任意比例与水混溶，是一种强氧化剂，水溶液俗称双氧水，为无色透明液体。其水溶液适用于医用伤口消毒及环境消毒和食品消毒。在一般情况下会缓慢分解成水和氧气，但分解速度极其慢，加快其反应速度的办法是加入催化剂——二氧化锰等或用短波射线照射。

肝脏是身体内以代谢功能为主的一个器官，并在身体里面起着去氧化、储存肝糖原、分泌蛋白质的合成等作用。含有丰富的过氧化氢酶，帮助快速水解过氧化氢。肝脏也制造消化系统中的胆汁。

肝解毒时由于血液在流动的关系，它不是把血液关起门来做这个工作的，而是边流动边解毒，在解毒的同时，身体的其他部位正常运转中还会继续产生代谢产物。所以血液里一直都会存在一些毒素，永远都解不完，只能保持我们身体的正常运转，但不能出意外和加重身体净化负担，如熬夜、酗酒、服药、感染等，否则不仅仅是肝脏解毒功能受损，别的脏器细胞也会加快老化，使体内毒素在血液中含量大大增加，这种大分子毒性物质会使血液黏稠，血流缓慢，最后停滞在人体的毛细血管中，成为"死血"。大家可能不知道毛细血管有多细，如果用显微镜看的话，可以看得见一个很小的血细胞仅仅能刚好通过。如果堵塞一条也没关系，但如果堵塞多了，像堵车一样，时间久了，越堵越多，相互影响，交通就会瘫痪。所以你知道了正常休息、保持健康的生活习惯的重要性吗？

3-2　无壳的彩色鸡蛋

一、材料准备(Material preparation)

鸡蛋、白醋、透明杯子、色素、水。

二、实验流程(Experimental process)

1. 将鸡蛋洗干净,放入 150 mL 白醋中浸泡 12 h。

2. 待鸡蛋壳消失后拿出鸡蛋洗净备用。

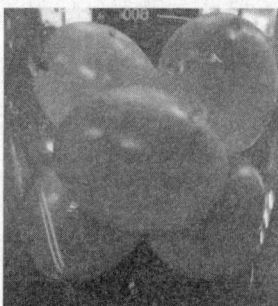

3. 在水杯中加入两滴色素和能没入鸡蛋的水混匀后,将鸡蛋放入。

4. 2 h 后取出鸡蛋。

三、实验结果(Experimental result)

鸡蛋壳是否消失?		鸡蛋是否变了颜色?	
你还从中观察到别的现象吗?			

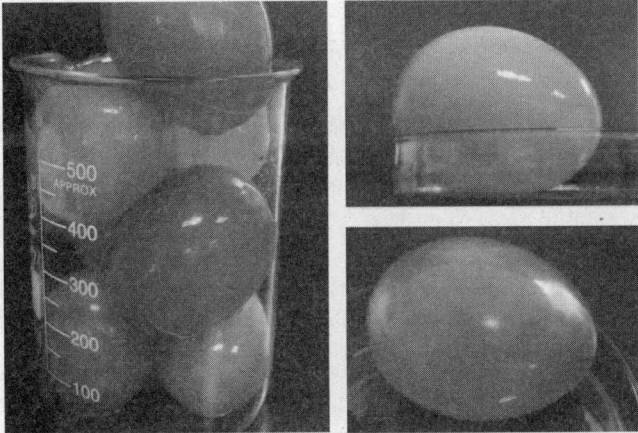

四、注意事项(Attention)

1. 选用白醋时最好选择 9°的白醋,更容易脱壳。
2. 鸡蛋在白醋中不要浸泡太久,会很酸。

五、实验原理(Experimental principles)

白醋中含有醋酸,鸡蛋壳的组成成分主要是碳酸钙,醋酸与碳酸钙发生反应,产生醋酸钙、水和 CO_2。CO_2 在鸡蛋壳表面形成很多小泡泡,证明反应正在进行。

六、发散思维(Divergent thinking)

1. 鸡蛋变色的过程中还有什么变化吗? 比如重量、活性等。
2. 你猜鸡蛋的里边还是不是正常的颜色?

七、实验小知识(Experimental knowledge)

鸡蛋是鸡的卵细胞,可以受精,将来孵化小鸡。蛋清含有丰富的蛋白质,为鸡蛋后续的发育提供营养物质。蛋壳看似密闭,实际是透气的,里边还有气室。蛋壳里边的内层卵壳膜是一层保障,相当于半透膜,不允许色素等大分子的物质进入。如果浸泡醋的时间久了,卵壳膜会被破坏,醋和色素等可以进入蛋清。同时,当鸡蛋在水中时,水分子作为小分子物质可以自由扩散进入鸡蛋内,使鸡蛋增重。

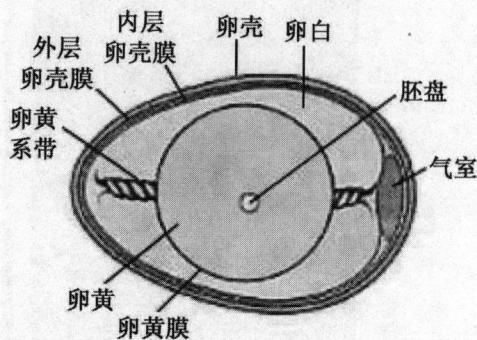

3-3　水杯彩虹

一、材料准备（Material preparation）

洗洁精、水、食用油、酒精、色素、试管等透明玻璃容器。

二、实验流程（Experimental process）

1. 将洗洁精、水、酒精分别加入烧杯中，再加上喜欢的色素进行调色。食用油本身有颜色，不用调色。

2. 沿试管壁依次加入洗洁精（a）、水（b）、食用油（c）、酒精（d）。

(a)　　　　(b)　　　　(c)　　　　(d)

三、实验结果(Experimental result)

有发生明显的分层现象吗?	
不同溶液的界面完全一样吗?	

四、注意事项(Attention)

洗洁精比较容易贴壁,可以选择更大口径的容器。

五、实验原理(Experimental principles)

出现这种分层现象的主要原因是不同溶液密度的不同,密度大的在下方,密度小的在上方。洗洁精浓稠,是混合物,不能准确确定浓度,但浓度比水大,会在最下方。水的密度为 1 g/cm^3,油的密度为 0.93 g/cm^3 左右,酒精的密度为 0.8 g/cm^3 左右。洗洁精既是脂溶性,又是水溶性的;食用油是脂溶性物质;酒精是水溶性物质。在脂溶性物质和水溶性物质接触面会有明显的分层,在可相溶的两种物质的接触面不是十分明确。所以你可以尝试不按照实验顺序,按喜好随机加入,也很容易出现图示结果。

六、发散思维(Divergent thinking)

1. 如果不是按照这样的顺序添加还是一样的结果吗?
2. 分层的界面有的明显,有的不明显是为什么呢?

七、实验小知识(Experimental knowledge)

利用不同浓度的蔗糖溶液(等量的水,加入不同量的白糖溶解)也可以构建杯中彩虹哦,但是需要非常小心地往杯中加入相应溶液。

彩虹是一种自然现象,是因为阳光射到空中接近圆形的小水滴,造成光的色散及反射而成的。阳光射入水滴时会同时以不同角度入射,在水滴内也是以不同的角度反射。其中以 $40°\sim42°$ 的反射最为强烈,形成人们所见到的彩虹。

其实只要空气中有水滴，而阳光正在观察者的背后以低角度照射，便可能产生可以观察到的彩虹现象。彩虹最常在下午，雨后刚转天晴时出现。这时空气内尘埃少而充满小水滴，天空的一边因为仍有雨云而较暗。而观察者头上或背后已没有云的遮挡而可见阳光，这样彩虹便会较容易被看到。彩虹的出现与当时天气变化相联系，一般人们从彩虹出现在天空中的位置可以推测当时将出现晴天或雨天。东方出现彩虹时，本地是不大容易下雨的，而西方出现彩虹时，本地下雨的可能性却很大。

彩虹的明显程度，取决于空气中小水滴的大小，小水滴体积越大，形成的彩虹越鲜亮，小水滴体积越小，形成的彩虹就越不明显。一般冬天的气温较低，在空中不容易存在小水滴，下雨的机会也少，所以冬天一般不会有彩虹出现。

3-4 米酒来啦

一、材料准备(Material preparation)

糯米或者大米若干、温开水、酒曲、一次性手套、电饭锅、保鲜膜。

二、实验流程(Experimental process)

1. 用电饭锅将米饭蒸熟后放至 30 ℃备用。

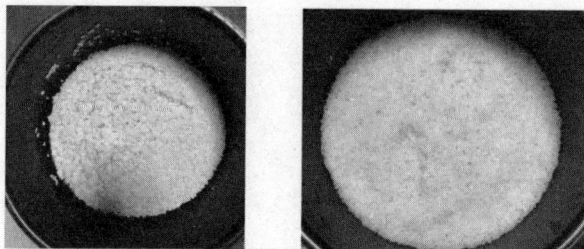

2. 将酒曲加到米饭中,戴上手套将米饭与酒曲混合均匀。

3. 在米饭中间挖一个洞洞,在米饭表面均匀喷洒少量温开水,至小洞中有水渗出。

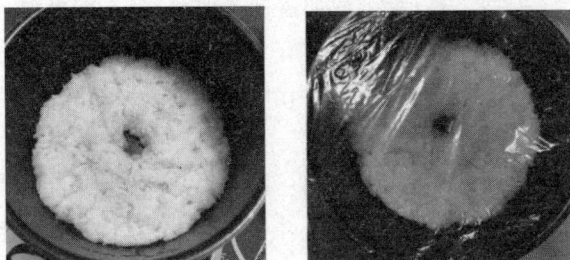

4. 加封保鲜膜,放入温暖环境中等待 24 h 后,取一些品尝。再分别于 30 h、36 h、48 h 取样品尝。碰到喜欢的味道则发酵完成,取出装罐于冰箱中保存。

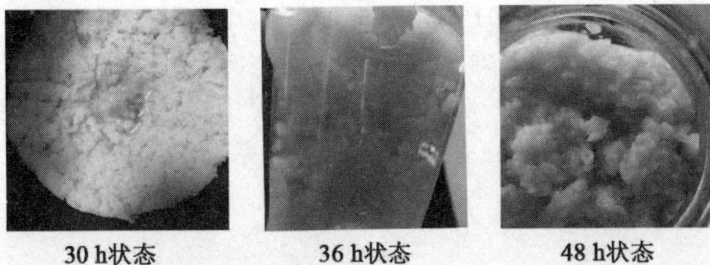

30 h 状态　　　　36 h 状态　　　　48 h 状态

三、实验结果(Experimental result)

24 h 米酒的味道,状态	
30 h 米酒的味道,状态	
36 h 米酒的味道,状态	
48 h 米酒的味道,状态	

四、注意事项(Attention)

1. 家庭条件下,最好选择始终在电饭锅内完成,不要中途更换容器。长时间直接接触空气,杂菌污染使米饭变质。最好在电饭锅内冷却,操作完成后立即加盖保鲜膜密封。

2. 整个过程中所用的所有物品都要洗干净,用之前用开水冲一下。严格控制不能接触到生水或者油。

3. 如果天气寒冷,可以给米酒加盖被子保温,但不能高温,会杀死酒曲。

五、实验原理(Experimental principles)

糯米的主要成分是淀粉(多糖的一种),尤其以支链淀粉为主。将酒曲撒上后,首先根霉和酵母开始繁殖,并分泌淀粉酶,将淀粉水解成为葡萄糖。米酒的甜味即由此得来。

随后,酵母菌在无氧条件下进行无氧呼吸,将葡萄糖分解为酒精和二氧化碳。但如果是在有氧条件下,酵母菌会将葡萄糖完全氧化成二氧化碳和水,提供较多能量;已经生成的酒精也可被氧化为醋酸:

$$C_2H_5OH + O_2 \longrightarrow CH_3COOH + H_2O$$

因此在发酵过程开始时,可以保留少量空气,以便使食用真菌利用有氧呼吸提供的大量能量快速繁殖,加快发酵速度。然而在真菌增殖后,就应该防止更多氧气进入,避免让葡萄糖被白白氧化成二氧化碳或者变为酸的醪糟。

六、发散思维(Divergent thinking)

1. 不同的米做出来的味道和样子会有差别吗?
2. 如果不放在冰箱保存会怎么样?
3. 明明没有加糖,味道怎么是酸酸甜甜的?

七、实验小知识(Experimental knowledge)

发酵时间需要准确控制,恰到好处:过长则淀粉被分解完,酒味过大,像饮料,没有嚼头;时间不够则米尚未酥烂,口感黏,像糯米饭。发酵过程中最好也不要打开,一来氧气会进入,二来可能引起杂菌污染。

如果直接食用,可选择发酵时间 30 h 左右,甜甜的几乎没有酒味。如果是煮汤圆、鸡蛋的话可以发酵时间久一点,48 h 以上,更有味道,煮的过程中酒精会挥发不用担心会醉。建议你也试一试,比你买的更甜。

3-5　土豆，我的糖呢?

一、材料准备(Material preparation)

土豆 4 个、白糖若干、小刀、勺子、小碗 4 个、凉开水。

二、实验流程(Experimental process)

1. 将 4 个土豆洗干净，1 个备用，其余 3 个放入沸水中，计时。

2. 沸水煮 4~5 min 左右时取出一个土豆标记。沸水煮 10 min 左右时取出一个土豆标记。最后一个土豆煮 15 min(全熟)取出标记。将 4 个土豆两边分别切去，在其中一侧用勺子挖一个洞，放入 4 个小碗中备用。

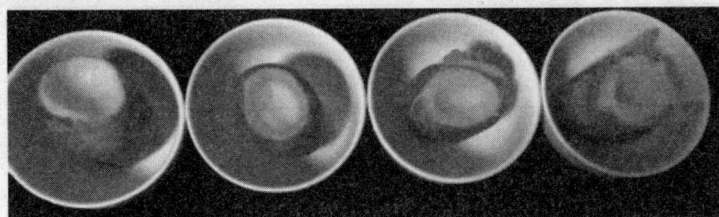

生土豆　　　　煮4 min　　　　煮10 min　　　　煮15 min

3. 向每个小碗中加入等量的凉开水。用小勺取等量的 4 份白糖，分别加入土豆上方的小洞中。

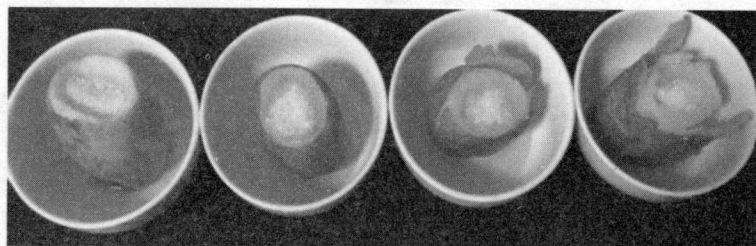

生土豆　　　　　煮4 min　　　　煮10 min　　　　煮15 min

4. 静置 30 min，3 h 后观察各组土豆中白糖是否溶化？土豆小洞和碗里是否有水，碗里的水是否是甜的？并记录结果。

生土豆　　　　　煮4 min　　　　煮10 min　　　　煮15 min

三、实验结果(Experimental result)

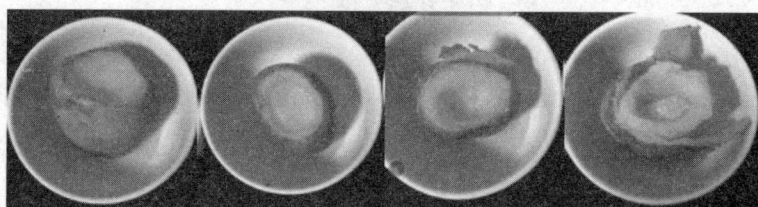

生土豆　　　　　煮4 min　　　　煮10 min　　　　煮15 min

	生土豆	煮 4 min 土豆	煮 10 min 土豆	全熟土豆
小洞中有水吗？				
碗里有水吗？				
碗里的水是甜的吗？				

四、注意事项（Attention）

1. 土豆不要选择太大的，有一个土豆需要是全熟的。
2. 每个土豆组加入的糖和水的量尽量相等，便于比较。

五、实验原理（Experimental principles）

渗透作用是指两种不同浓度的溶液隔以半透膜（允许小于半透膜孔径的物质通过，不允许大于半透膜孔径的物质通过），小分子或其他溶剂分子从低浓度的溶液通过半透膜进入高浓度溶液中的现象。生土豆的细胞是活的，其原生质层（细胞膜和液泡膜以及两层膜之间的细胞质）相当于半透膜，在高糖溶液中可发生渗透作用，而煮熟的土豆细胞死亡，其原生质层失去活性，不能作为半透膜发生渗透作用。

六、发散思维（Divergent thinking）

1. 如果时间再久一点还会有其他现象吗？
2. 如果加入的不是糖，还会出现这样的现象吗？

七、实验小知识（Experimental knowledge）

请你尝尝放生土豆小碗里的水，有甜味吗？为什么生土豆里的糖水没有进到小碗里？秘密在细胞膜上。土豆的细胞膜好像筛子一样，只允许小于筛子孔的颗粒通过，大于筛子孔的颗粒就无法通过。白糖的分子比较大，无法通过细胞膜，所以，碗里的水就不甜。懂得了这个道理，你再给花草树木施肥时，千万不要用太浓的肥料水，否则，植物体内的水就会倒流到土壤里，使植物打蔫甚至枯死。

3-6 让水瞬间变固体

一、材料准备(Material preparation)

清水、高吸水性树脂、烧杯、量筒。

二、实验流程(Experimental process)

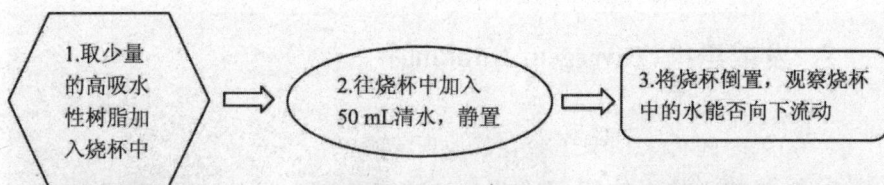

1.取少量的高吸水性树脂加入烧杯中 ⟹ 2.往烧杯中加入 50 mL清水,静置 ⟹ 3.将烧杯倒置,观察烧杯中的水能否向下流动

三、实验结果(Experimental result)

水是否被树脂吸收?	你认为实验有需要改进的方面吗?

四、实验原理（Experimental principles）

高吸水性树脂是一种新型功能的高分子材料，它具有优异的吸水、保水功能，最高可吸收自身质量 5 300 倍的水。

五、发散思维（Divergent thinking）

尿不湿的吸水原理是什么？

3-7　头发融掉了

一、材料准备(Material preparation)

数根头发(可收集平时梳头时掉下来的)、一个烧杯、一小杯漂白剂。

二、实验流程(Experimental process)

```
1.将少许头发剪    ⇒    2.在烧杯中倒入漂白    ⇒    3.静置10 min,观察头发
短放进烧杯中            剂,直到把头发淹没            状态的变化。每隔5 min
                       为止                         记录一次变化情况
```

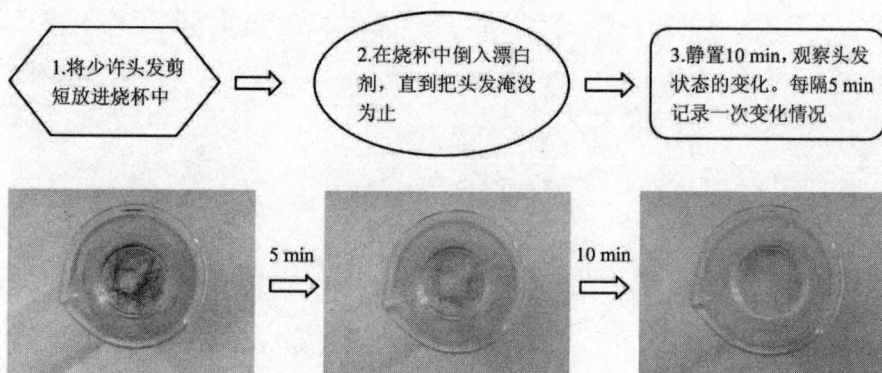

5 min ⇒　　　　10 min ⇒

三、实验结果(Experimental result)

请描述头发状态变化	你认为实验有需要改进的方面吗?

四、注意事项(Attention)

1. 倒入烧杯中的漂白剂一定要淹没头发。

2. 使用漂白剂的时候要注意安全,不要弄到皮肤上。

3. 漂白剂不小心沾上皮肤后,需要马上用大量清水冲洗皮肤。

五、实验原理(Experimental principles)

漂白剂中含有多种含氯衍生物,如次氯酸、次氯酸钠或次氯酸钙等物质,它们具有强氧化性,而人类毛发的主要成分是大分子蛋白质,蛋白质在接触次氯酸后,发生氧化分解作用被溶解掉。

六、发散思维(Divergent thinking)

头发跟蛋白酶反应后会发生什么现象,你能说出其中的原理吗?

3-8　一封密信

一、材料准备(Material preparation)

一张粉色纸、毛笔、盘子、碳酸钠溶液、澄清石灰水溶液。

二、实验流程(Experimental process)

1.用毛笔蘸取碳酸钠溶液在粉纸上写任意图案 ⇒ 2.放置一段时间直到纸干透 ⇒ 3.把信淹没在盛有石灰水的盘中,观察粉纸图案变化

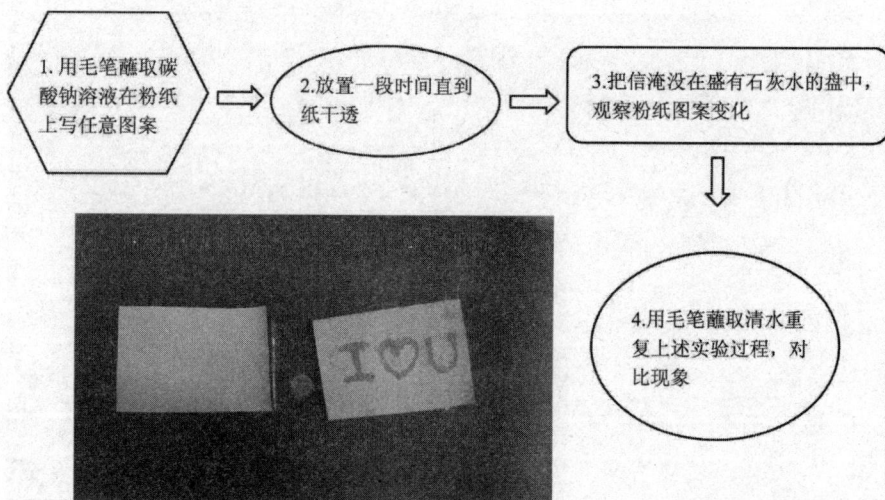

4.用毛笔蘸取清水重复上述实验过程,对比现象

三、实验结果(Experimental result)

两组实验中,粉色纸是否有图案出现?		你认为实验有需要改进的方面吗?
清水组	碳酸钠组	

四、注意事项(Attention)

在毛笔绘写过程中,不要使有色纸破损。

五、实验原理(Experimental principles)

碳酸钠与石灰水溶液反应,可生成不溶于水的碳酸钙沉淀,碳酸钙沉入水底后,有色纸会出现褪色现象。

六、发散思维(Divergent thinking)

还可以用其他什么方法写密信吗?

1. 用粥汁在白纸上写字或画画,待汁迹干后用装碘水的喷壶喷洒白纸,你会有什么发现?

2. 用无色的 KSCN 溶液在白纸上写字或画画,待汁迹干后用装 $FeCl_3$ 溶液的喷壶喷洒白纸,观察到什么现象?

3-9　纸杯煎鸡蛋

一、材料准备(Material preparation)

纸杯、三脚架、石棉网、酒精灯、鸡蛋。

二、实验流程(Experimental process)

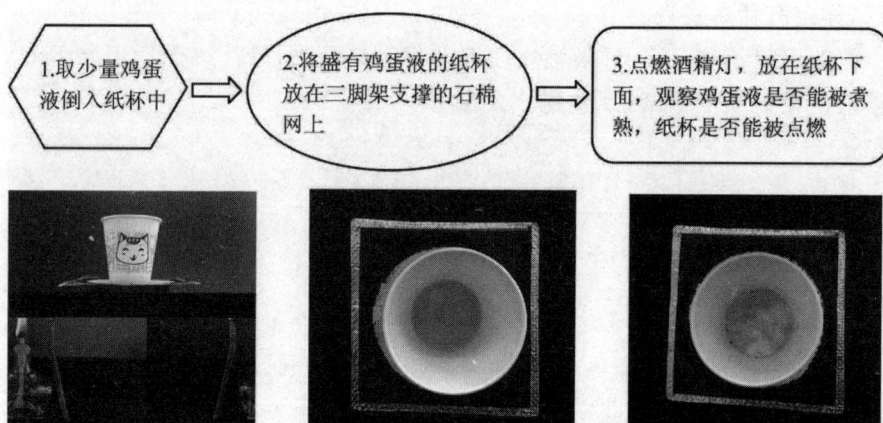

1.取少量鸡蛋液倒入纸杯中 → 2.将盛有鸡蛋液的纸杯放在三脚架支撑的石棉网上 → 3.点燃酒精灯,放在纸杯下面,观察鸡蛋液是否能被煮熟,纸杯是否能被点燃

三、实验结果(Experimental result)

鸡蛋是否煮熟?	纸杯是否点燃?	你认为实验有需要改进的方面吗?

四、注意事项（Attention）

将鸡蛋液倒入纸杯后，才能点燃酒精灯。

五、实验原理（Experimental principles）

蛋黄沸点为 68～71 ℃，蛋清沸点为 62～64 ℃，而纸的燃点约 200 ℃，接触火焰时，在没有达到纸的燃点时，鸡蛋达到沸点被煮熟。

六、发散思维（Divergent thinking）

纸杯能否用来煮水呢？

3-10 口香糖遇薯片会融掉?

一、材料准备(Material preparation)

口香糖、薯片、烧杯、玻璃棒、温水。

二、实验流程(Experimental process)

1.取两粒大小一样的口香糖分别放入两个烧杯中,倒入少量温水,搅拌3 min(模拟咀嚼过程)

2.取适量的碎薯片放入其中一个烧杯,搅拌15 min,另一个烧杯在清水中搅拌15 min

3.用镊子将两烧杯中的口香糖取出,比较两个口香糖的大小

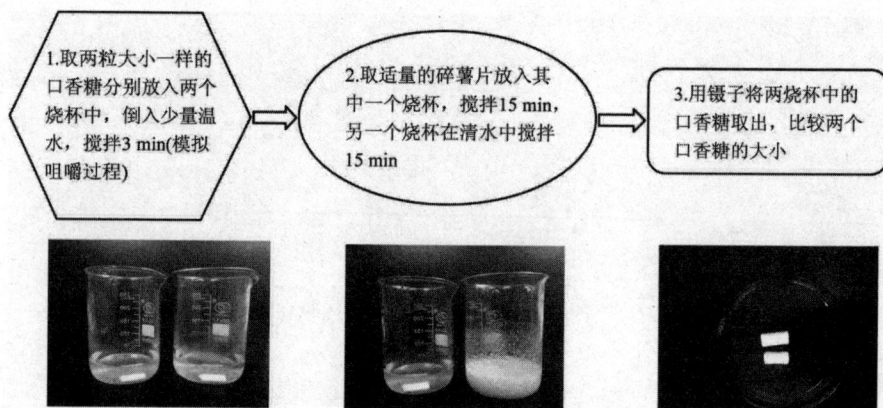

三、实验结果(Experimental result)

口香糖是否变小?		你认为实验有需要改进的方面吗?
清水组	薯片组	

四、注意事项(Attention)

镊子取出口香糖的过程要慢,注意不要影响口香糖的原本形状。

五、实验原理(Experimental principles)

1. 温水能将口香糖的糖衣溶解。

2. 口香糖嚼后剩余的主要成分是胶基,胶基的主要原料是合成树脂,而薯片中含有大量植物油,两者相似相溶。

六、发散思维(Divergent thinking)

1. 沾满机油的手用汽油洗还是用水洗?

2. 瓜子、花生、饼干、巧克力等一系列东西,如果和口香糖一同食用,会将口香糖溶解吗?

地理

篇

4-1　大浪淘沙——沉积物分选的实验

一、材料准备(Material preparation)

碎石 200 g、黏土 200 g、细砂 200 g、空塑料瓶、水。

二、实验流程(Experimental principles)

1.将同样比例的碎石、黏土和细砂完全混合，放入空瓶(不超过容量的一半) ⟶ 2.将瓶子用水注满，盖上瓶盖，剧烈振荡，然后让瓶子平放，使瓶中物质自然沉淀

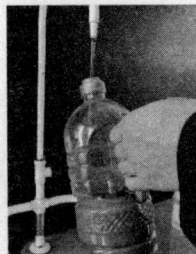

3.静置24 h，观察沉淀物成分的排列顺序

三、实验结果（Experimental result）

有无形成明显分层现象
有　　无

四、注意事项（Attention）

瓶子必须装满水，剧烈振荡至所有物质充分搅拌，均匀分布，将瓶子平放后切勿再碰触瓶子，使物质自然沉淀。

五、实验原理（Experimental principles）

流水对沉积物颗粒由粗到细，具有明显的分选性。

4-2　你是风儿我是沙，缠缠绵绵到天涯——风的搬运作用

一、材料准备（Material preparation）

细沙、纸盒、植被模具、吹风机。

二、实验流程（Experimental process）

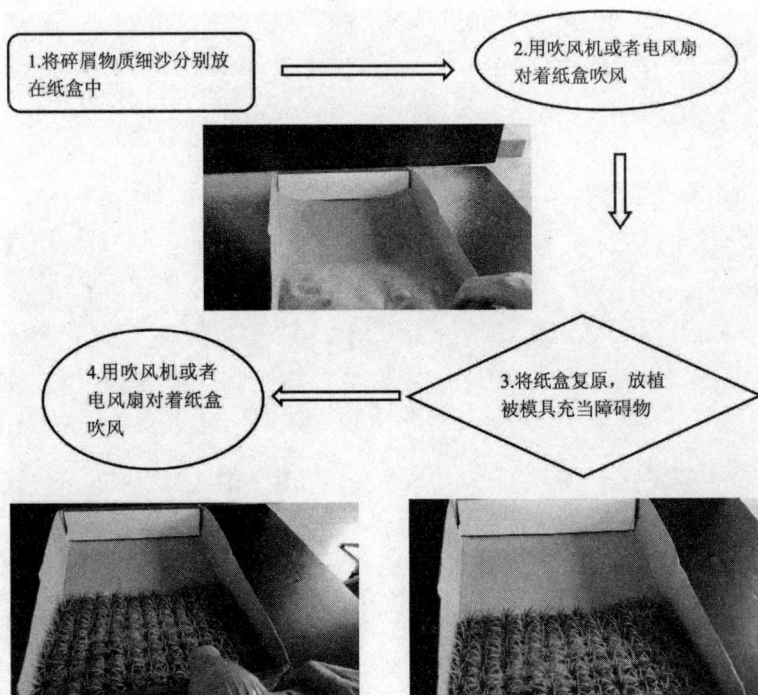

三、实验结果(Experimental result)

风力是否具有搬运作用?	植被对于风力是否起到阻挡作用?
是　否	是　否

四、实验原理(Experimental principles)

风力对地表物质起着搬运作用。

4-3 轻烟环游记

一、材料准备(Material preparation)

长方形玻璃缸一个(约 100 cm×30 cm×40 cm)、胶合板或塑料薄膜、一盆热水、一盆冰块、一束香、火柴等。

二、实验流程(Experimental process)

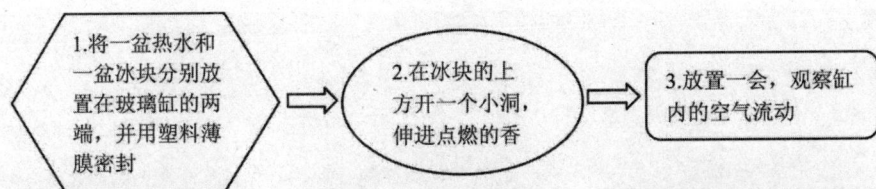

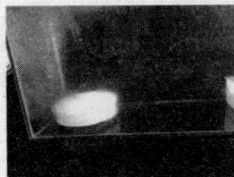

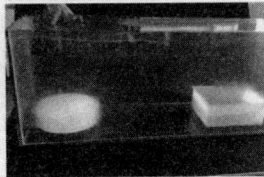

1.将一盆热水和一盆冰块分别放置在玻璃缸的两端,并用塑料薄膜密封

2.在冰块的上方开一个小洞,伸进点燃的香

3.放置一会,观察缸内的空气流动

三、实验结果(Experimental result)

是否形成了热力环流?	你认为实验有需要改进的方面吗?
有/无	

四、注意事项(Attention)

1. 操作谨慎,小心烫伤。
2. 热水温度不需太高,避免水汽过多影响观察。

五、实验原理(Experimental principles)

由于冷热不均引起空气的运动。

六、发散思维(Divergent thinking)

该实验可以用来证明海陆热力性质差异吗?

4-4　彩虹桥

一、材料准备（Material preparation）

橡皮泥一盒。

二、实验流程（Experimental process）

1.将不同颜色的橡皮泥捏成大小一样、厚度不一的长条泥层，并叠在一起 ⇨ 2.沿水平方向轻压泥层 ⇨ 3.继续挤压泥层，直至变形明显

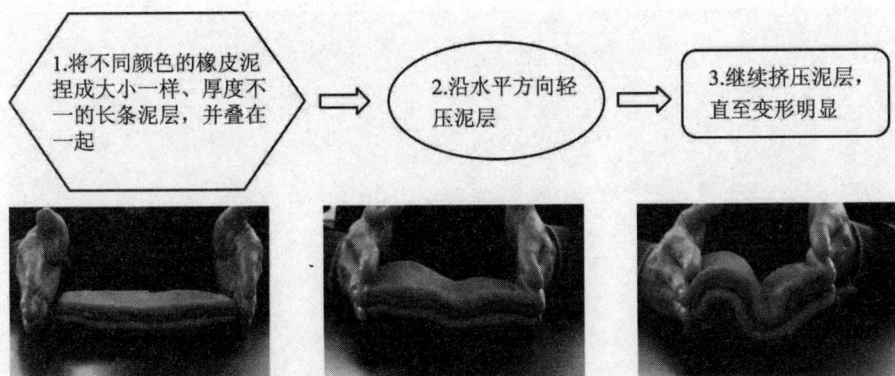

三、实验结果（Experimental result）

泥层是否形成褶皱？	你认为实验有需要改进的方面吗？
有/无	

四、注意事项（Attention）

1. 泥层的边缘尽量捏平整。

2. 轻叠时避免黏合。

3. 挤压时控制好用力方向。

五、实验原理(Experimental principles)

岩层受力后发生弯曲变形。

六、发散思维(Divergent thinking)

1. 现实中的岩层受到挤压是否可能发生断裂？

2. 如果会断裂，会形成怎样的地质构造？

4-5 大地的眼泪因何不同(一)——
探究植被覆盖对水土流失的影响

一、材料准备(Material preparation)

塑料斜坡模型、裸露土壤、有植被覆盖的土壤、洒水器、烧杯(或透明刻度杯)。

二、实验流程(Experimental process)

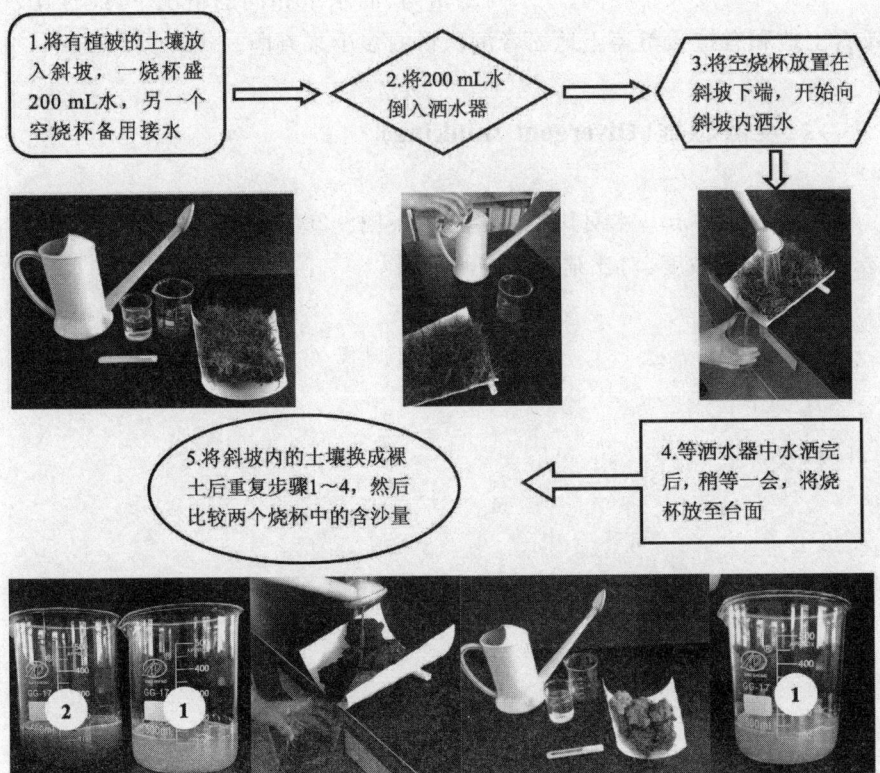

1.将有植被的土壤放入斜坡,一烧杯盛200 mL水,另一个空烧杯备用接水

2.将200 mL水倒入洒水器

3.将空烧杯放置在斜坡下端,开始向斜坡内洒水

5.将斜坡内的土壤换成裸土后重复步骤1~4,然后比较两个烧杯中的含沙量

4.等洒水器中水洒完后,稍等一会,将烧杯放至台面

三、实验结果(Experimental result)

哪种情况水土流失严重?	你认为实验有需要改进的方面吗?
①/②	

四、注意事项(Attention)

1. 洒水高度保持一致。
2. 两份土壤类型应一致。

五、实验原理(Experimental principles)

在保证坡度大小相同、放水高度相同、洒水量相同的情况下,通过比较裸露土地和有植被覆盖土地二者沉积物的多少来判断。

六、发散思维(Divergent thinking)

1. 加多 100 mL 水对比结果会有何不同? 200 mL 呢?
2. 均提高坡度,对比结果会有何不同?

4-6 大地的眼泪因何不同(二)——探究土壤疏松程度对水土流失的影响

一、材料准备(Material preparation)

塑料斜坡模型、黏土、沙土、洒水器、烧杯(或透明刻度杯)。

二、实验流程(Experimental process)

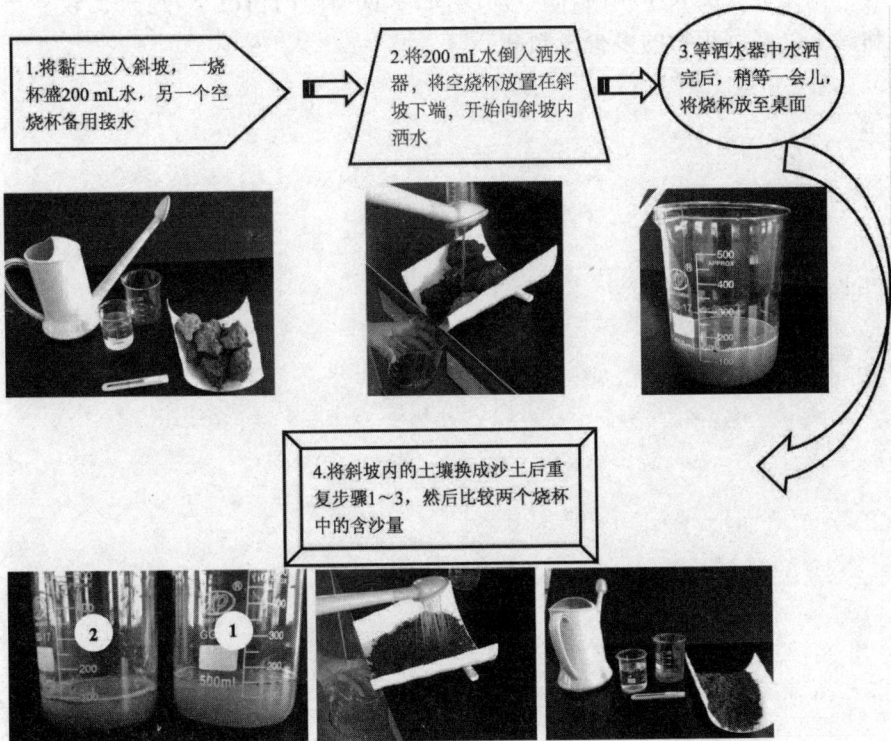

1.将黏土放入斜坡,一烧杯盛200 mL水,另一个空烧杯备用接水

2.将200 mL水倒入洒水器,将空烧杯放置在斜坡下端,开始向斜坡内洒水

3.等洒水器中水洒完后,稍等一会儿,将烧杯放至桌面

4.将斜坡内的土壤换成沙土后重复步骤1~3,然后比较两个烧杯中的含沙量

三、实验结果(Experimental result)

哪种情况水土流失严重?	你认为实验有需要改进的方面吗?
①/②	

四、注意事项(Attention)

1. 洒水高度保持一致。
2. 两份土壤类型区别要明显。

五、实验原理(Experimental principles)

在保证坡度大小相同、洒水高度、洒水量相同的情况下,通过比较沙土和黏土二者沉积物的多少来判断。

4-7 大地的眼泪因何不同（三）——探究坡度大小对水土流失的影响

一、材料准备（Material preparation）

不同坡度的塑料斜坡模型、沙土、洒水器、烧杯（或透明刻度杯）。

二、实验流程（Experimental process）

1.将沙土放入斜坡，一烧杯盛200 mL水，另一个空烧杯备用接水

2.将200 mL水倒入洒水器，将空烧杯放置在斜坡下端，开始向斜坡内洒水

3.等洒水器中的水洒完后，稍等一会，将烧杯放至桌面

4.将斜坡内的土壤换成沙土后重复步骤1～3，然后比较两个烧杯中的含沙量

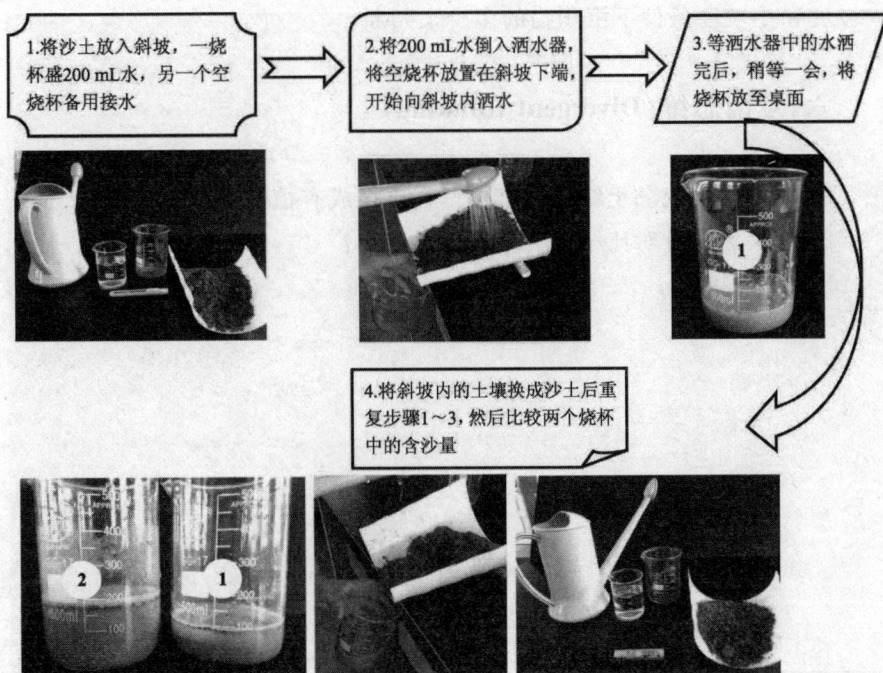

三、实验结果（Experimental result）

哪种情况水土流失严重？	你认为实验有需要改进的方面吗？
①/②	

四、注意事项（Attention）

1. 坡度差异要明显，但不能过大。
2. 两份土壤类型、洒水高度应一致。

五、实验原理（Experimental principles）

在保证放水高度相同、土壤类型相同、洒水量相同的情况下，通过比较大坡度和小坡度条件下沉积物的多少来判断。

六、发散思维（Divergent thinking）

1. 把土壤换成黏土结果会怎样？若再换成有植被的土壤呢？
2. 加大洒水量对比结果会发生什么变化？

4-8 测量正午太阳高度

一、材料准备(Material preparation)

卷尺一把、大三角尺一把、1.5 m直杆一根。

二、实验流程(Experimental process)

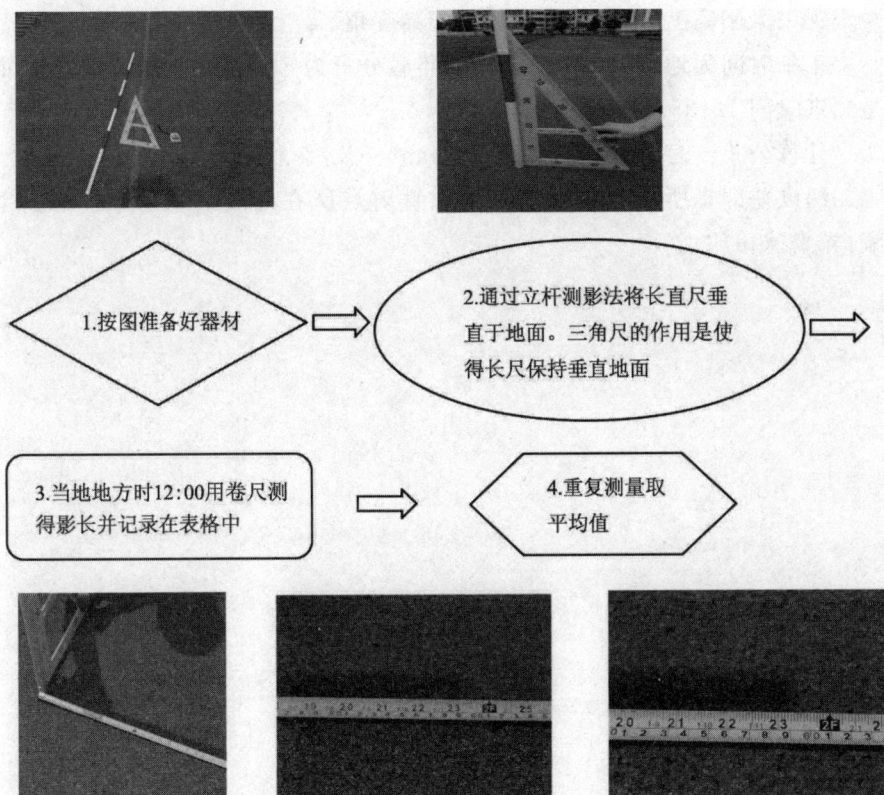

1.按图准备好器材 ⟹ 2.通过立杆测影法将长直尺垂直于地面。三角尺的作用是使得长尺保持垂直地面 ⟹

3.当地地方时12:00用卷尺测得影长并记录在表格中 ⟹ 4.重复测量取平均值

三、实验结果（Experimental result）

时间（3月21日12:28）	杆长	影长
第一次测量		
第二次测量		

四、注意事项（Attention）

尽量在地形平坦开阔的地方、选择晴朗天气下进行。

五、实验原理（Experimental principles）

正午太阳高度：一日内最大的太阳高度角。

正午时间为地方时 12:00。2019 年春分日为 3 月 21 日，珠海正午时间是北京时间 12:28。

计算公式：正午太阳高度角 $H = \tan($杆长/影长$)$。

纬度差即是所求地点纬度与太阳直射点所在纬度的差值（同半球相减，异半球相加）。

4-9 地转偏向力验证实验

一、材料准备（Material preparation）

地球仪、黑色墨水、黑水笔。

二、实验流程（Experimental process）

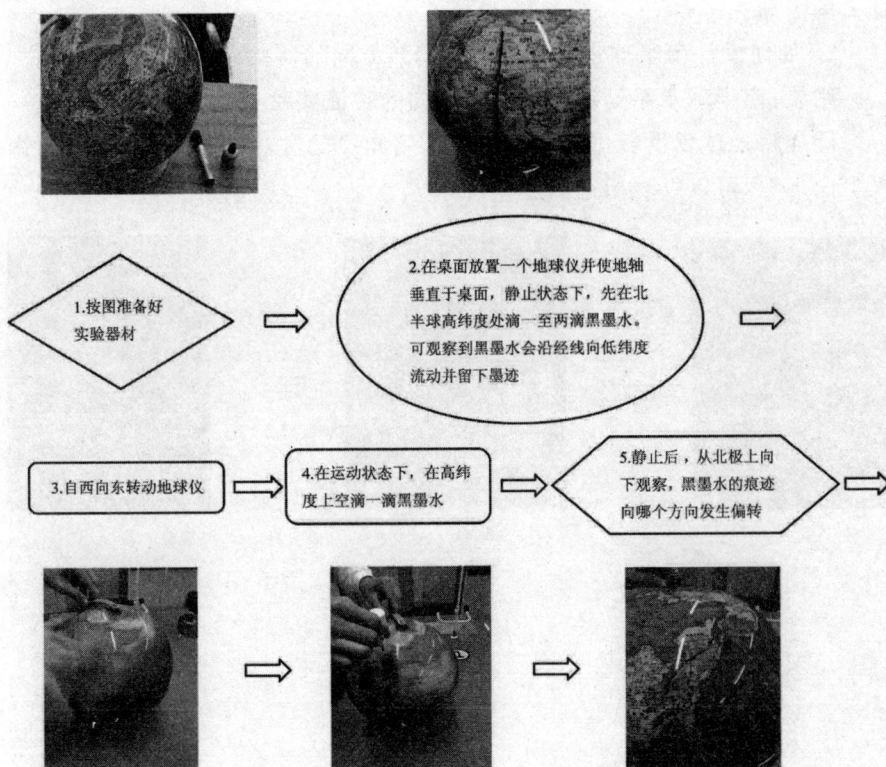

1.按图准备好实验器材 ⇒ 2.在桌面放置一个地球仪并使地轴垂直于桌面，静止状态下，先在北半球高纬度处滴一至两滴黑墨水。可观察到黑墨水会沿经线向低纬度流动并留下墨迹 ⇒

3.自西向东转动地球仪 ⇒ 4.在运动状态下，在高纬度上空滴一滴黑墨水 ⇒ 5.静止后，从北极上向下观察，黑墨水的痕迹向哪个方向发生偏转 ⇒

三、实验结果(Experimental result)

北半球,水平运动的物体在地转偏向力的作用下向_____(左或右)偏。

四、实验原理(Experimental principles)

由于地球自转,地球表面物体沿水平方向运动时,其运动方向发生偏移,在北半球向右偏,南半球向左偏,赤道不偏转。

五、发散思维(Divergent thinking)

1. 北半球水平运动的物体在地转偏向力的作用下向哪个方向偏呢?那么南半球呢?

2. 如何设计南半球水平运动物体偏转方向的实验?

附录:南半球水平运动物体偏转方向的验证实验

同样将地球仪倒转过来,南极向上,用同样的方法进行演示实验,从南极上向下看,可以发现墨迹向左偏转。